W0247773

Un printemps
à Jérusalem

Du même auteur

Loin de la mer – à pied à travers les Grandes Plaines,
La Librairie Vuibert, 2014.
Allemagne, un voyage, L'Esprit des péninsules, 2006.
Berlin-Moscou, un voyage à pied, L'Esprit des péninsules, 2005.
Allemagne, trois années zéro, L'Esprit des péninsules, 2001.

Wolfgang Büscher

Un printemps
à Jérusalem

Traduit de l'allemand par
Cécile Wajsbrot

ISBN : 978-2-311-10111-9

Titre original : *Ein Frühling in Jerusalem*
Éditeur original : Rowohlt, Berlin, 2014.

© 2014 by Rowohlt Berlin Verlag

Et pour la traduction française :
© 2016, by La Librairie Vuibert
La Librairie Vuibert – 5, allée de la 2ᵉ D.-B. – 75015 Paris
www.la-librairie-vuibert.com

Voyage au noir

Quelle curieuse cargaison il transportait, ce minibus qui montait vers Jérusalem, on aurait dit qu'un esprit moqueur en avait conçu la composition – dix passagers dans un taxi spacieux, presque tous graves et pâles, revêtus d'un noir pieux, conduits par un chauffeur revêche qui les avait cueillis à l'aéroport. Là, les passagers du vol s'étaient partagés en deux groupes ; les uns allaient faire la fête à Tel-Aviv, les autres allaient prier à Jérusalem. Dans le taxi, les places de devant étaient occupées par trois Américains, à première vue des orthodoxes avec leur longue barbe, leur manteau noir et leur chapeau noir, il n'y avait guère que les mains, les lèvres et les yeux pour se détacher de tout ce noir. Ils tenaient entre leurs mains de petits livres mille fois lus, leurs yeux étaient fixés sur les signes cunéiformes, leurs lèvres muettes remuaient.

Derrière eux se trouvaient trois jeunes nonnes russes assises très droites, le visage d'un blanc laiteux sous une coiffe noire étroitement nouée. La seule concession à leur féminité était des rubans de velours qui jouaient librement sur leurs épaules, ôtant un peu d'austérité au noir qui leur descendait jusqu'aux pieds. Se partageaient enfin la banquette arrière un couple anglais d'un certain âge et un jeune escogriffe en caftan noir brillant qui téléphonait continuellement ; et moi qui regardais tout cela.

Le bus quitta la route qui mène de la côte aux régions montagneuses de Judée pour se diriger vers les faubourgs ouest de Jérusalem. Mais il n'entra pas directement dans la ville, il déposait chaque passager devant chez lui. Le chauffeur n'évitait aucun détour, il prenait toutes les pentes et tous les virages en épingle à cheveux aussi vite qu'il pouvait, empli d'une joie mauvaise tandis qu'il secouait en roulant sa noire cargaison. Il tournait le volant à gauche, à droite, fonçait en haut, en bas, à côté de moi les papillotes se balançaient. Nous avions pénétré dans les profondeurs des faubourgs de Jérusalem d'un blanc crayeux, qui se dressaient comme des fortifications sur les collines.

Voilà que le bus s'arrêtait. Et comme il s'était arrêté sur une hauteur, une vaste vue s'offrait sur la campagne alentour. En voyant où j'étais, je pris peur. Non à cause de la campagne mais à cause de la lumière. Quelqu'un avait parcouru la terre en semant du soufre. On voyait beaucoup de ciel, je voyais l'ensemble de Jérusalem à mes pieds et, derrière, les monts de Judée, derrière encore, le pays de Moab, le tout dans une lumière mauvaise de soufre. La raison était affectée, la croyance que tout irait bien, la région du plexus solaire, transpercée – prise de conscience d'une impardonnable insouciance, d'un danger. Je n'étais pas seul dans le bus à avoir cette impression. Tout le monde cessa de converser à voix basse, leva les yeux de sa lecture, regarda dehors en silence.

C'est peut-être le *hamsin*, me disais-je pour me tranquilliser, le vent du désert qui enveloppe Jérusalem d'une brume jaune incessante et le moral aussi, ce vent stupide qui traîne derrière lui un sillage de folie. Mais le *hamsin* arrivait d'ordinaire au printemps et on était encore en hiver. Si ce n'était pas le *hamsin*, qu'est-ce que ce pouvait être ? Où avais-je déjà vu cette lumière, l'émergence sulfureuse d'un danger ? Soudain je sus – sur des tableaux, des tableaux qui ne présageaient rien de bon. Certains peintres avaient connu une telle lumière.

Il y a une heure encore je me trouvais parmi des hommes qui étaient de bonne humeur, ou du moins faisaient-ils semblant de l'être, qui manifestaient une confiance dans le monde, et le monde faisait de son mieux pour leur paraître familier – les rituels prévisibles de l'aéroport, le bon expresso au bar, les discours rassurants du personnel de cabine. Le bus démarra de nouveau, traversa des rues, des quartiers dans lesquels n'allaient que des silhouettes habillées de noir. Que se passait-il, étaient-ce des funérailles ? Il manquait quelque chose, la légèreté, un sens de la légèreté qui se moque de la mort. Tous avançaient tête baissée, comme s'ils n'osaient lever les yeux, qu'ils redoutaient de voir quelque chose. Dans cette lumière allait peut-être apparaître un signe, un signe qu'on préférerait ne jamais avoir vu.

Alors que les autres passagers étaient descendus et qu'il ne restait plus que le couple anglais et moi, l'homme arracha une feuille d'un carnet, écrivit un mot et me la tendit – « *Akedah* ». Un mot important, me dit-il, je ferais bien de m'y intéresser. Je lui promis de regarder sur Google. Il secoua la tête. Il fallait que je me donne un peu plus de mal. Il ajouta qu'une chanson portait ce titre, écrite par un Séfarade espagnol au XIIe siècle, « et on la chante encore, le soir, avant de souffler dans le *chofar*. Vous connaissez le *chofar*, la corne de bélier ? ».

Je hochai la tête, mon tour était venu. Je mis la feuille dans ma poche, payai le chauffeur, sautai du véhicule, claquai la porte arrière, la conduite brusque avait mêlé tous les bagages, je tirai ma valise bleue cabossée, éraflée ; je me tenais désormais devant le mur derrière lequel j'allais passer les prochaines semaines, les prochains mois, devant le mur du sultan Soliman entourant une Jérusalem trois fois millénaire. Ma valise bleue à la main, j'entrai dans la Ville sainte par la porte de Jaffa.

I

LES PREMIERS TEMPS

La fenêtre

Sitôt la porte franchie, toute mon anxiété disparut – sauvé. Ce n'était qu'une porte ancienne de la ville, l'une des sept de la muraille ottomane de Jérusalem, mais cette muraille était solide. Jérusalem était solide. J'étais entre des murs solides et je ne les quitterais pas de sitôt.

Je réglai rapidement les formalités nécessaires avec l'hôte arabe de ma pension, poussai ma valise jusque dans la chambre qu'il m'indiqua, la 29, une chambre austère, tout en pierre, le lit de fer suffisait presque à la remplir, et après avoir refermé la porte, je partis, à la recherche d'une image, d'un souvenir. C'était le moment idéal pour cela, l'heure du crépuscule où les maisons seraient éclairées et où une lumière chaude tomberait des fenêtres.

J'étais déjà venu une fois, à cette même heure du soir, dans ces calmes ruelles en escalier où, tandis que le jour se répandait en généreuses couleurs haut dans le ciel, il faisait nuit déjà. C'est là que j'avais vu cette fenêtre – et l'espace éclairé, la table dressée. Cette vision m'avait donné un coup au cœur. Immobile, j'étais demeuré devant la fenêtre et avais fixé l'intérieur jusqu'à ce qu'une pensée soit venue m'effrayer, tu ne peux pas rester, on va te voir. La porte qui donnait sur l'intérieur de

11

l'appartement était entrouverte, bientôt ceux pour qui la table était mise entreraient prendre leur repas du shabbat.

Je m'étais détaché et j'étais retourné dans l'obscurité d'où je venais, mais je ne partais pas les mains vides. J'avais découpé le tableau dans l'encadrement de la fenêtre et je l'emportai, tel un voleur dans la nuit.

C'était il y a longtemps et voilà que je parcourais de nouveau ces ruelles en cherchant la fenêtre, repensant à ce qui m'avait tant marqué autrefois. « La table mise », tel était le titre du tableau volé, voilà de quoi il s'agissait. Dans un monde en déroute, la table était là comme elle avait toujours été, et niait la déroute. Quelqu'un l'avait voulu ainsi, quelqu'un avait dressé la table pour les siens en vue de cette fête, quelqu'un rendait cette heure sacrée, le monde s'apaisait et s'immobilisait comme le vent tombe le soir, et devenait, pour quelques minutes, sacré.

Sans en avoir l'intention, je me retrouvais, soir après soir, à la tombée du crépuscule, errant dans les ruelles en escalier du quartier juif au-dessus du mur des Lamentations, à la recherche de quelque chose d'aussi ridicule qu'une fenêtre devant laquelle je n'étais resté que quelques secondes il y a des années. Parfois mon pouls s'accélérait, je croyais l'avoir trouvée, mais chaque fois je me trompais et finissais par abandonner ma recherche pour ce soir-là, puis définitivement. Ici on a beaucoup construit, me dis-je, et ta fenêtre n'existe plus.

DEUX ROCHERS

Dans l'aube lumineuse, je me réveillai dans mon lit de fer comme si le monde ne savait rien d'hier et qu'il ne connaîtrait aucun lendemain. Puis je me retrouvai sous une eau glacée qui tombait du plafond. Après la douche, je pris le balai et repoussai le reste d'eau vers le trou dans le sol de pierre, mis mes affaires les plus chaudes et refermai la porte de la chambre 29, prêtai aussi peu d'attention à la personne de garde, absorbée dans ses jeux sur écran, qu'elle ne m'en prêta, dévalai les marches raides en courant, parvins à franchir le bureau de change, à l'entrée, pour me fondre dans la foule de David Street.

Une artère étroite de la vieille ville qu'aucun rayon de soleil n'atteignait jamais et où pénétrait un flot incessant de passants venus de la porte de Jaffa. J'attendis un moment de creux pour me glisser dans le flot. Là, les commerçants se tenaient comme des ours au milieu d'une rivière poissonneuse. Comme eux, ils n'avaient pas besoin de faire d'efforts pour pêcher, ils se contentaient d'ouvrir la bouche. « *Hello, Sir! Shopping, Sir! Come see my shop!* » Le refrain familier du bazar, et le réflexe se mettait en place : les yeux au sol, ne pas regarder. Certains sifflaient la clientèle. Ils s'emparaient du moindre regard

13

nonchalant et il fallait de l'énergie pour s'en détacher. Une fois enfermé dans une de ces boutiques étroites mais souvent profondes, l'étranger qui ne venait pas d'Orient, avec ses scrupules maladroits, avait peine à se libérer et les commerçants – les lascars millénaires du bazar de la Ville sainte – le savaient. Celui qui fait un pèlerinage ou un voyage à Jérusalem veut aussi rapporter quelque chose, il en a toujours été ainsi, on peut compter dessus.

Jérusalem, *made in China*. Souvenirs religieux, politiques, folkloriques. Fausses antiquités, avec peut-être quelques pièces authentiques parmi elles. Tapis bédouins garantis, icônes russes anciennes garanties, « *special prize, Sir !* ». La plupart des commerçants sont musulmans mais proposent évidemment toutes les variétés de kippas. Les simplement noires comme en portent les Juifs pieux, celles de velours noir pour les très pieux. Des blanches brodées, aussi, avec des symboles assortis au très mauvais goût des colons. « Et avec ça un tee-shirt, peut-être, avec le logo des parachutistes ? Ou peut-être le "Guns N' Moses" ? Chasubles catholiques, je vous en prie, il y a du rouge, du vert et du blanc. Ou vous faut-il une bure noire qui recouvre l'ensemble du corps, avec juste une fente pour les yeux, pour votre épouse salafiste ? Ou quelque chose de traditionnel, plutôt ? Un foulard, peut-être, dans le style hachémite, rouge et blanc avec un cordon noir, comme en porte le roi de Jordanie ? Venez, Sir, je vous montre comment on le met. Ah, vous préférez un keffieh palestinien noir et blanc, comme sur le poster de Yasser Arafat ? Non, trop politique, alors quelque chose de Bethléem ? Une crèche en bois d'olivier, de la taille que vous voulez. À moins que vous ne soyez musulman, Sir ? Regardez – la Kaaba, fabrication cuivre, avec en prime le livre sacré du Coran gratuit. »

Et le tout des dizaines, des milliers de fois, les uns après les autres, une offre conçue avec acuité selon les segments de pèlerins, de touristes. Mais il y a aussi des choses pour le fanatique en déplacement, et même pour les plus regrettables de tous ces groupes, ceux qui n'ont aucun sens musical, qui ne voudraient que goûter à Jérusalem et qui remarquent vite que ça ne marche pas – même eux trouvent dans David Street un foulard coloré, un vase arménien, un souvenir d'Orient.

Lorsque j'allais tôt à travers les ruelles, parfois sur des pierres déjà foulées par des sandales romaines, sur des dalles imposantes tant de fois polies par les pas des Byzantins, des mamelouks, des croisés ou des Ottomans que je glissais dessus par temps de pluie ; quand je regardais les commerçants du bazar, leur façon d'ouvrir leurs boutiques en tôle qui contenaient tout leur commerce, ainsi que ceux du marché noir qui écartaient leurs longs manteaux, accrochaient leurs appâts avec de longues perches, les mêmes tapis, matin après matin, les mêmes burnous et les tee-shirts humoristiques, les voiles transparents de la danse du ventre pour l'aventure, chez soi, rouges ou jaune prune, couverts de fausses pièces d'or, le bazar revêtait un aspect désolé, désespéré, et qui se répétait, augmentait, se démultipliait de boutique en boutique.

Comment pourrait-il en être autrement ? Jérusalem n'a rien, n'a jamais eu rien d'autre à offrir que cela. Pas d'or, pas de pétrole, pas de terres rares. Même les oranges et les grenades qu'on proposait du matin au soir aux étrangers dans ses quatre quartiers – arménien, chrétien, juif, musulman – en jus pressé et à des prix non moins juteux, même ces fruits ne venaient pas d'ici. Ils poussaient dans les plaines côtières fertiles, là-bas, au bord de la Méditerranée, au pays des Philistins qui continuent de vivre sous le nom de Palestiniens. Si pauvre est Jérusalem, d'un point de vue profane. Si misérable.

La ville n'a qu'une chose à offrir au reste du monde, sa sainteté. Le toit de mon hôtel était le meilleur endroit pour le comprendre. De toute façon j'en avais assez de l'agitation et je quittai le monde d'ombre du bazar pour gravir l'escalier étroit de l'hôtel et celui, encore plus étroit, menant à la terrasse. Là j'y voyais plus clair. À la lumière étincelante de midi s'étendait la Jérusalem de pierre, et dans ce paysage minéral gris et blanc s'élevaient deux collines, deux coupoles, les deux rochers sacrés : le Golgotha et le mont du Temple.

Ce qu'on dit du rocher du mont du Temple[1] plonge aussi profondément que possible aux débuts de l'Ancien Testament. C'est le rocher aux noms multiples. Tombeau des patriarches. Puits des âmes contenant les eaux du Déluge. Trône de Jéhovah. Nombril du monde. Et puis un autre mot entendu ici même, celui que le Séfarade anglais m'avait écrit dans le taxi. *Akedah*, qui signifie « lien ». C'était là-haut, disait-on, sur le rocher du mont du Temple, qu'Abraham avait déposé son fils lié, Isaac, prêt à le sacrifier – les cordes qui liaient le fils signifiant l'alliance du père avec Dieu, le Dieu qui ne veut pas d'un tel sacrifice et retient le bras d'Abraham. Mais aussi le lien d'Abraham, sa disposition à aller aussi loin.

Le rocher du mont du Temple est le rocher juif, celui de l'Ancien Testament. Habiter là, au milieu de son peuple élu, Dieu l'avait promis aux Juifs. Sur ce rocher ils bâtirent une demeure terrestre pour Yahvé, le grand Temple que seuls les

---

1. Le mont du Temple est plus communément appelé en français l'esplanade des Mosquées (*N.d.T.*).

16

Babyloniens et enfin les Romains détruisirent, en l'an 70 après Jésus-Christ. Selon la Tradition, le saint des saints se trouvait à l'intérieur du Temple, sur le rocher même. Le grand prêtre y déposait des charbons ardents avec une pelle, là il les faisait brûler, là se trouvait l'autel de l'holocauste, là coulait le sang des animaux sacrifiés. C'était le lieu juif le plus sacré de l'époque du Temple.

Sur le deuxième rocher, il y avait eu la Croix. Éloignée de quelques centaines de mètres de la pierre du sacrifice d'Abraham – et si loin d'elle, l'autre bout de la parabole biblique. À Abraham qui veut lui sacrifier son fils, Dieu refuse cette victime au dernier moment. Sur le Golgotha, c'est lui-même qui sacrifie son fils. Un rocher répond à l'autre.

Depuis ma terrasse on ne comprenait pas tout ça. On n'en voyait rien non plus car deux coupoles dissimulaient les deux rochers – la coupole dorée du dôme du Rocher recouvrait la tombe d'Abraham, et la coupole grise de l'église du Saint-Sépulcre ceignait le Golgotha. Et pour compliquer encore les choses, les rendre plus fascinantes, le rocher du mont du Temple était aussi un lieu saint musulman.

Là, sur la pierre la plus sacrée du Temple juif, un demi-millénaire après sa destruction, le prophète Mahomet se vit transporté. C'est sur le mont du Temple, croient les musulmans, qu'il entama son *al-Isra*, son voyage mystique, une nuit, de La Mecque à Jérusalem. Lorsque son successeur, le calife Omar, conquit Jérusalem en 638, il trouva le mont du Temple tel que les Romains l'avaient laissé, détruit, abandonné. Et tomba sur une église du Saint-Sépulcre bien vivante car la Jérusalem qu'il venait de prendre appartenait jusque-là au royaume chrétien de Byzance, était une ville largement chrétienne.

Le successeur d'Omar, le calife Abd al-Malik, n'avait pas envie de laisser le dôme du Rocher si dominant, si solitaire. À la fin du VIIe siècle, il fit construire par des architectes syriens et byzantins un dôme tout aussi prestigieux sur le rocher du mont du Temple, sur le modèle du Saint-Sépulcre. Ainsi posait-il la première pierre de cet endroit explosif, dans la Jérusalem du présent – le lieu le plus sacré des Juifs se trouvait au sein de la plus importante mosquée du monde musulman.

La nuit avançait ; redescendant de la terrasse, j'allais dans les ruelles, mais le bazar, la circulation quotidienne de la foule, tout le trafic de la Ville sainte qui m'avait tant saisi une heure auparavant me laissait indifférent à présent. Ce n'était que l'enveloppe, le noyau dur demeurait les deux rochers fondateurs dont je venais de toucher l'un. L'église du Saint-Sépulcre et le mont du Temple – sans ce champ magnétique, Jérusalem ne serait rien. De tous temps il attirait les hommes en recherche, ceux qui cherchaient Dieu et ceux qui cherchaient un refuge, et souvent c'était pareil. Les premiers pèlerins d'Europe arrivèrent après les croisades et le flot ne s'interrompit jamais.

Jérusalem ne serait pas Jérusalem si le temps historique jouait un rôle. Partout ailleurs dans le monde, de tels lieux se seraient refroidis, leur magnétisme se serait éteint depuis longtemps. Mais pas ici. À quel point la charge de ces deux rochers était puissante, j'allais bientôt en faire l'expérience.

JÉRUSALEM EST-ELLE BELLE ?

Mon chemin vers l'autre rocher me fit traverser Christian Quarter Street, l'axe principal du quartier chrétien. Là, à proximité de l'église du Saint-Sépulcre, les objets de piété offerts étaient plus nobles et, appris-je bientôt, les techniques de pêche des pêcheurs de pèlerins, plus subtiles. L'un d'eux vint à moi, esquissant un signe ingénu, faisant bruyamment taire mon scepticisme. « *No business, Sir, just a question,* juste une question – vous parlez allemand ? »

Lui-même parlait allemand presque sans accent et faisait accessoirement preuve d'un talent pour reconnaître la nationalité de ceux qui passaient. À quoi ? Au visage, aux gestes, à leur façon de se déplacer dans ce monde étranger. Mais pas tellement aux vêtements, presque tous les étrangers portaient la même tenue décontractée. Seules les femmes russes en pèlerinage étaient reconnaissables de loin, à leurs foulards pieux.

L'homme m'assura qu'il ne désirait qu'un renseignement linguistique, une petite aide pour une formulation. Son père, en effet, avait un papier officiel à adresser au consulat allemand, il s'agissait de l'achat de machines spéciales pour travailler sur des pierres semi-précieuses provenant d'Idar-Oberstein.

« Nous faisons fabriquer nos bijoux en Jordanie, vous savez, et pour cela nous importons les machines d'Allemagne. »

Cela sonnait relativement plausible et la question qu'il me posa après m'avoir prié de venir dans sa boutique, un homme d'affaires arabe de Jérusalem qui correspondait avec le consulat allemand pouvait tout à fait se la poser. Il s'agissait de la formule de salutation correcte pour clore le courrier. « Dans ce cas écrit-on "respectueusement" ou "salutations cordiales" ?

– Il s'agit d'une lettre officielle, pas adressée à quelqu'un qu'on connaît ?

– C'est ça.

– Alors écrivez "respectueusement".

– Je le dirai à mon père, merci beaucoup. Vous voyez, c'est ce genre de choses que nous fabriquons. Je peux vous montrer quelques belles pièces ? Vous resterez bien prendre un café ? »

Je ne pouvais que l'admirer, il m'avait attrapé d'une façon élégante et aimable, en tout cas d'une façon nouvelle pour moi. Mais je compris bientôt que c'était moi qui étais nouveau, ici, et que son stratagème avait fonctionné pour cela. Les jours suivants, on allait encore me présenter un certain nombre de requêtes ingénues, de petits services à rendre. « *No business, Sir*, une simple question. »

Bon, me dis-je, le baptême du bazar est passé, et je renvoyai la balle avec la même amabilité. « Volontiers, *habibi*, malheureusement je suis pressé, mais demain, j'aurai du temps. Ou après-demain, dites-moi, nous sommes voisins, *habibi*, j'habite juste au coin. »

J'étais meilleur à chaque fois, mon jeu s'assouplissait, tel était le secret. Nager, ne pas gesticuler ni rechigner. Peu à peu j'acquis une expression sûre qui me faisait passer dans le bazar sans être happé et qui tenait les commerçants à distance. Leur appel n'était plus qu'un bruit, une bruine que je traversais. Il me suivait mais ne me poursuivait plus.

J'allais, tel un rêveur, dans la vieille ville de Jérusalem, ma cellule pour les mois à venir. Elle était favorable à ma rêverie. L'Orient ! C'était cette odeur, ce son, cette apparence, l'instant d'après, les cloches de l'église sonnaient comme à Cologne un dimanche matin. L'Occident ! D'un seul coup l'odeur, le son et l'apparence étaient comme à la maison. Il suffisait d'ouvrir la bonne petite porte et je me retrouvais dans la rumeur d'un cloître italien, dans les vapeurs d'encens d'une petite église grecque, dans les dorures d'un couvent de nonnes russes, dans l'hospice de la double monarchie de la Via Dolorosa ou dans un vrai café viennois où de jeunes Arabes servaient de l'*apfelstrudel* tiède avec un café crème, ou un casse-croûte du Tyrol avec une bière Gösser.

De préférence tôt le matin, quand ça ne perturbait pas trop le commerce du bazar, les processions avançaient de station en station. Des pèlerins de Rio de Janeiro et de Cracovie, de Calcutta et de Chicago, celui qui était en tête portant une grande croix de bois. Une troupe de parachutistes croisait le chemin des pèlerins, léger cliquetis lorsque les fusils d'assaut, pointe vers le bas, frappaient contre les jambes des soldats. Peut-être étaient-ils en route vers le mur des Lamentations, peut-être y avait-il là-bas la prestation de serment de nouvelles recrues. Une autre troupe traversait. Au lieu de casques d'acier bosselés, ces hommes portaient sur la tête des chapeaux en peau de renard grands comme des nids de cigogne et, au lieu d'un M16, c'étaient leurs papillotes pendantes qui balançaient, tant ils étaient pressés d'aller de leur quartier de Mea Shearim au mur des Lamentations, la voie directe passant par le quartier musulman.

L'arabe est le mortier de la vieille ville de Jérusalem. C'est ce qui a toujours été là, le sable entre les fissures, le son dans l'air. La récitation des sourates qui commençait toujours de façon soudaine et inattendue, en provenance d'un minaret ou d'un CD. Certains commerçants le mettaient si fort que la moitié de la ruelle l'entendait et les affaires alors dépérissaient. Un regard oblique et furtif dans les profondeurs d'une boutique pouvait saisir le moment où le coiffeur, qui me saluait toujours, le marchand d'antiquités, qui me demandait toujours quand je viendrais le voir, le patron du café internet où ce gros moine grec passait son temps devant un jeu vidéo d'action – le moment où ces hommes se couvraient le visage des mains et, agenouillés sur le tapis de prière, s'inclinaient du côté de La Mecque.

L'Arabie, ce sont les femmes corpulentes à la porte de Damas, assises dans la ruelle au milieu du flot des passants, le divisant comme des rochers le torrent, leur marchandise devant elles, des petits tas d'herbes sur des bâches de plastique. Et, bien sûr, les cafetiers sous leurs voûtes sombres, ces virtuoses de la cafetière en cuivre au-dessus des flammes montantes de leur réchaud à gaz. Sans oublier les jeunes qui fendent les rangs des vieux pour approvisionner leur narguilé de charbon frais, comme s'ils avaient la secrète mission de ne jamais laisser la braise arabe s'éteindre.

Et enfin leurs petits frères remuants, constamment prêts à déchiffrer le besoin d'orientation sur le visage pâle de ces Occidentaux toujours un peu maladroits, encombrants, qui se risquent dans le lacis arabe et ne savent plus comment continuer, prêts à conduire ces êtres lourdauds hors du désert comme les jeunes bergers l'animal égaré, contre un salaire qu'ils réclament bruyamment d'une voix éraillée, une voix d'avant la mue.

Même si la ville était pleine de pèlerins, pleine de moines et de nonnes, pleine d'églises, d'hospices, de patriarcats, de cloîtres et de stations du chemin de croix, le cœur chrétien de Jérusalem battait dans un corps oriental.

Il n'était pas fait pour les nerfs fragiles, ce pêle-mêle de ciel et de terre, du saint des saints et de rigoles d'eau et de sang dans la ruelle du boucher rituel. Un chaos d'odeurs. Celle du pain frais s'échappant, merveilleuse, du trou noirâtre d'une boulangerie, celle du fer, de la quincaillerie, et tout de suite après, celle, douceâtre, des abats frais. La collision des émanations et des révélations comme un état normal. Troupes et processions d'espèces contradictoires qui se croisent, se pénètrent et s'ignorent sur ce simple kilomètre carré. Pèlerins et soldats, mendiants et fous, croyants et affairistes, amis, ennemis, Russes et Américains, Juifs et Arabes, Turcs et Arméniens, tout cela dans l'étroitesse de ruelles et de tunnels plus qu'anciens.

Dans le quartier juif, les mendiants se faisaient passer pour des Juifs pieux, se laissaient pousser la barbe, s'habillaient en longs manteaux noirs et bénissaient chacun de ceux qui se présentaient à eux. Leur posaient la main sur le crâne, qu'ils le veuillent ou non, et avec un murmure nonchalant, leur soutiraient une offrande. Dans le quartier musulman, les mendiantes se costumaient en musulmanes pieuses. Intégralement voilées, tels des spectres noirs, elles étaient assises dans la rue, appels vivants au devoir d'offrande charitable.

Chez les fous, il en était ainsi : les femmes préféraient être folles à l'intérieur, elles erraient dans les cafés et les églises, leur folie agissait dans l'espace de l'intimité. Mais les hommes, eux, étaient fous au-dehors. Leur démence, vagabondant davantage que celle des femmes, avait besoin de l'étendue des grandes portes de la ville, des places.

Parfois je fermais les yeux, Jérusalem était alors une odeur de charbon pour narguilé, d'ordures et d'épices fortes, un imbroglio d'appels rauques et de cloches claires et dures. La supplique murmurée de la mendiante passait, couverte par le chant des pèlerins et les récitations pieuses des gens pressés, en route vers le dôme du Rocher ou le mur des Lamentations, puis, de nouveau, des bavardages bruyants et spontanés, souvent en russe ou en américain.

Dire que Jérusalem était une ville – au sens d'un ouvrage des hommes composé de maisons et de rues, à peu près planifié, lisible – serait une erreur. Si je devais la décrire à quelqu'un qui ne la connaîtrait pas, je lui demanderais de ne pas penser à une ville. Jérusalem est un pain, un pain dur, cuit d'après une recette très ancienne, épicé d'histoires, de secrets, de prophéties. Comme si quelqu'un avait pétri depuis longtemps le tout et l'avait enfourné dans des fourneaux millénaires, un pain tel que j'en voyais, tôt le matin, lorsque les apprentis sortaient de l'antre de la boulangerie paternelle, portant à l'épaule leur pain odorant étalé sur des planches.

Le désir de Jérusalem s'était de tous temps emparé des amateurs les plus divers. Depuis les premiers siècles de notre ère, elle attirait les pèlerins vers le Saint-Sépulcre. Moines, profanes, rois. Des croisés donnaient toute leur fortune pour voir Jérusalem et faisaient leur testament en sachant qu'ils avaient peu de chances de revenir vivants chez eux. Saint François ne cessa d'essayer et d'échouer, jusqu'à ce qu'il y parvienne enfin.

Et de tous temps des rabbins quittèrent leurs villes de Russie, de Galicie, d'Espagne ou du Maroc pour s'établir à Jérusalem avec leurs disciples. « L'an prochain à Jérusalem », chez certains l'appel était si fort qu'il fallait qu'ils y aillent, quel qu'en soit le prix. Celui qui n'entendait pas l'appel, qui ne goûtait pas la musique de cette ville sainte entre les saintes, celui-là n'avait rien à y faire.

Jérusalem est-elle belle ? Oh oui, mais sa beauté ne se montre pas à tout le monde et ne se montre pas gratuitement. Jérusalem est une femme orientale. Qui veut la voir doit d'abord errer dans l'obscurité, se perdre dans des tunnels sombres, dans des couloirs et sous des voûtes, attendre le soir. Trouver le bon moment, la bonne porte, invisible, ou le bon escalier. Il y a toujours un escalier quelque part qui aboutit à une terrasse. Ces toits de pierre plats sont les loges royales de Jérusalem – et maintenant nous y étions, la représentation pouvait commencer.

Le ciel du soir versait généreusement sa lumière. Ce qui n'avait été que pierre grise ou blanche, autant dire tout, rougeoyait maintenant. Tout se tenait étendu là, la ville et le monde, un corps unique dont chaque partie était modelée, les vallées et les collines éclairées de façon grandiose, la ville, ceinte entre ses murs, et plus bas, nette, la grande pliure, la vallée du Kidron, de l'autre côté, sur le mont des Oliviers, Gethsémani, le jardin de la dernière nuit avant la Passion, derrière le mont des Oliviers, le désert de Judée. Un pays de pierre. Épines et rochers. Mais une pierre fertile. Il suffit de la frapper et des images surgissent.

Moïse, qui venait du désert. Jean, le saint du désert qui disait de lui-même qu'il baptisait avec l'eau mais que quelqu'un viendrait qui baptiserait avec le feu. Et ce Jésus, lui-même dans le désert, jeûnant quarante jours. Enfin la grande scène où Satan l'arrache au désert pour l'emmener à Jérusalem, le dépose sur les créneaux du Temple puis sur un mont, lui montre les richesses de ce monde, lui promet tout cela s'il veut bien l'adorer. Le dialogue entre les deux, le Fils de Dieu et le diable dans leur plaidoyer final, tous deux se battent avec les mêmes armes, tous deux citent les mêmes Écritures saintes. Une telle chose ne pouvait venir à l'esprit qu'ici, ne pouvait se produire qu'ici.

Jérusalem brillait dans une dernière lumière extatique, folle, le tout me parut lumineux sur ma terrasse, comme si ce n'était pas écrit à l'encre mais avec de l'extrait de buisson d'épines chauffé au feu d'une tente noire de Bédouin, dans le désert. Jérusalem était-elle belle ? Le tentateur aurait-il dû montrer plutôt Rome à l'homme du désert ? Persépolis ? Alexandrie ? On dit que le diable a bon goût.

Je restai là-haut jusqu'à ce que la nuit vienne, puis je redescendis dans la pénombre éternelle des cavernes, des tunnels, des couvents, de jour dans une ombre perpétuelle, à présent faiblement éclairés, et je me demandai s'il existait quelqu'un, dans tout Jérusalem, une seule personne dont on pouvait dire qu'elle connaissait sa ville. J'en doutais.

CHARLY EFFENDI

J'étais d'autant plus curieux de l'homme que j'allais rencontrer le lendemain soir. Un ami me l'avait rendu cher – si quelqu'un connaissait Jérusalem, c'était bien ce vieux renard arménien. Cet ami n'avait oublié qu'une chose, me le décrire. « Six heures à la porte de Jaffa », telle fut sa brève réponse lorsque je l'appelai pour lui demander quand il aurait du temps. J'étais là à six heures moins le quart. Ma peur de le rater semblait justifiée, il faisait déjà sombre et la porte de Jaffa était très animée à cette heure-ci.

À six heures pile, je vis déambuler un homme en provenance du quartier arménien. Dans la foule on le remarquait, mais ce n'était pas parce que son apparence avait quelque chose de remarquable. Il arrivait l'air de rien, pas très grand, robuste de silhouette, en veste épaisse et pantalon foncé, un bonnet de laine un peu trop petit au sommet de sa tête. Nombre de ses pareils hantaient ces lieux, en hiver, les soirées pouvant être sensiblement froides. Ce qui frappait, c'était sa façon de se déplacer. Il n'était nullement pressé. Il traversait les lieux comme s'il était dans son salon, ne cessant de saluer de nouveaux invités.

À cette heure du soir, il y avait du monde en chemin, la plupart venaient du mur des Lamentations et sortaient de la vieille ville par la porte de Jaffa, ils se dirigeaient vers la partie ouest de la ville, vers leur appartement ou leur hôtel, j'entendais souvent parler américain. Tout le monde était pressé, lui seul ne l'était pas. Ceux qui se dépêchaient allaient en groupes, absorbés dans des discussions ou en eux-mêmes, dans les Écritures. Ils n'avaient pas un regard pour ce qui les entourait. Cette partie de Jérusalem leur était étrangère, ça se voyait. Mais pas à lui. Il semblait connaître une personne sur deux et une personne sur deux le connaissait. Il s'arrêtait tous les quelques pas pour échanger trois mots.

Il m'avait repéré depuis longtemps et m'avait fait signe. À présent nous nous serrions la main. Y avait-il quelque chose de bizarre, chez moi ? Il me considéra de haut en bas avec un sourire narquois.

« On m'a dit que vous étiez là pour comprendre Jérusalem. Combien de temps restez-vous ?

– A priori deux mois, on verra.

– Deux mois ! » Il se mit à rire. « Je suis né ici, je vis là depuis soixante ans et il y a des choses que je ne comprends toujours pas. Deux mois. »

Nous marchions, c'est-à-dire qu'il marchait et j'allais avec lui. Il continuait de saluer des connaissances, passant de l'arabe à l'hébreu sans effort, et quand il rencontrait un compatriote, à l'arménien. Quelle langue préférais-je ? demanda-t-il en me proposant le français, l'anglais, le russe. Une fois que nous fûmes installés dans un café qu'il avait choisi tomba la phrase que j'allais souvent entendre de sa bouche, chaque fois en fait que nous nous verrions, les premières semaines je l'entendis donc presque quotidiennement : « *There's no joy in this city.* »

On le connaissait sous différents noms, selon le degré de proximité qu'on avait avec lui. Celui qui le connaissait de loin, car c'était une célébrité de la vieille ville, l'appelait d'un nom passe-partout, Charly, certains disaient Charles, à la française. De toute façon, son vrai nom, arménien, ne parlait qu'à un habitant de Jérusalem issu d'une famille ancienne, né ici, vivant ici depuis des générations, et arménien lui-même, de préférence.

Plus nous nous rencontrions, plus il était désireux de me faire voir ce qu'il aimait tant, à Jérusalem, ce qui le retenait dans cette ville bien qu'il peignît son avenir en noir, plus j'avais le net sentiment qu'aucun nom ne pouvait mieux lui convenir. Je n'étais pas assez proche de lui pour rendre hommage à son origine arménienne et à l'ensemble du drame qu'il avait vécu à Jérusalem. Mais au fil du temps, je n'étais plus assez éloigné pour en rester au « Charly » passe-partout. Alors je lui donnai un nouveau nom. Charly Effendi.

Je trouvais que le vieux titre ottoman lui allait bien. Depuis longtemps hors d'usage, il en était d'autant plus beau. Un titre honorifique de l'époque des Jeunes-Turcs, d'avant le grand massacre des Arméniens qui avait poussé sa famille à fuir ici, elle aussi, dans la Jérusalem chrétienne, sous la protection du quartier arménien.

Charly Effendi avait ses rituels. Il allait acheter tous les jours les journaux de Londres, de Beyrouth et du Caire. Il vivait dans un monde qui avait disparu, le Proche-Orient, inconcevable en nos temps de guerre, où on circulait assez librement entre la Syrie et l'Égypte. Les capitales de ce monde oriental étaient Beyrouth et Le Caire. Jérusalem n'a jamais été capitale d'un État, depuis sa destruction par les Romains en l'an 70, si l'on excepte le rêve bref du royaume des croisés. Jérusalem est autre chose. Une ville pas tout à fait de ce monde.

Une fois, j'osai prononcer cette phrase en présence de Charly Effendi. Il me considéra avec une expression indescriptible, le visage plissé de sillons ironiques, le regard triste, lointain. « Jérusalem est sur le point de devenir un Disneyland religieux, bougonna-t-il en remuant son café au lait, avec les quelques derniers chrétiens vivant ici comme acteurs, des clowns tristes. » De telles phrases, j'allais les entendre prononcer par d'autres personnes du même milieu.

La communauté de Charly Effendi, elle, n'existait que dans la mémoire, me semblait-il, et même à cet endroit elle était sur le point de disparaître – souvenir de l'élite chrétienne de Jérusalem. Elle avait été grecque, syrienne ou arabe, orthodoxe, arménienne ou latine, mais toujours chrétienne. Quelquefois je me disais que s'il me voyait aussi souvent, s'il me parlait aussi volontiers, c'était pour faire de moi le témoin de ce déclin. Pour ne pas être, lui, le dernier témoin.

Parfois nous nous retrouvions le matin, parfois le soir, mais toujours dans des cafés. De temps en temps il fallait qu'il parte, alors il s'envolait vers Paris, il en avait besoin pour sa santé mentale. « Respirer un peu. La liberté. La liberté mentale à pleins poumons. » Et comme si nous étions sur le Boul'Mich' plutôt qu'à la porte de Jaffa, il commandait un café au lait avec une portion de lait chaud supplémentaire. Jamais je ne le vis boire du vin. Rester sobre, telle était sa devise. Rester témoin. Les choses qu'on ne pouvait pas changer, les observer attentivement, au moins, c'était cette attitude qu'il mettait en relation avec Paris. Il en voyait certains, du quartier chrétien ou arménien, chercher refuge dans l'ivresse, il évoquait sans cesse ces exemples, attristé, bien décidé, lui, à ne pas en arriver là.

Nous nous sommes rencontrés un soir à l'hospice autrichien, il avait amené un ami. « Le docteur Alessandro ! Un bon docteur et un bon catholique ! » Autour du *dottore* aussi flottait la douce tristesse que je connaissais chez son ami, et les deux hommes avaient chacun leur méthode pour s'en défendre. L'un l'analysait, créait une distance en lisant, en pensant, et s'envolait de temps en temps vers Paris. Le docteur Alessandro combattait la mélancolie par une légèreté levantine et de bons repas. S'il parlait de quelque chose de difficile, c'était avec un sourire, et pas plus longtemps que nécessaire.

La difficulté, pour ces hommes, était de voir leur Jérusalem s'atrophier. « Notre jeunesse part en Amérique, en Europe. Ici il n'y a pas de travail pour eux mais de la drogue dans chaque rue. » Même moi qui étais dans la ville depuis peu, je connaissais ces silhouettes qui rôdaient à la nuit tombée, le regard vitreux, dans les ruelles du quartier chrétien, on ne pouvait pas les rater. Ce qui attristait les deux hommes, ce n'étaient pas ces quelques êtres perdus, c'était la perte universelle de tout. « Non seulement nos jeunes ne trouvent pas de bon travail mais ils ne trouvent même pas de partenaire. Se marier est devenu difficile à Jérusalem. Pas pour les juifs, qui sont nombreux, ni pour les musulmans, encore plus nombreux, mais pour nous autres, chrétiens. Nous sommes de moins en moins. Si on a quelques capacités et qu'on veut avoir une bonne vie, on s'en va. » Dans sa jeunesse, disait Charly Effendi, chacun se mariait strictement selon sa confession. « Un Arménien épousait une Arménienne, un catholique, une catholique, il n'était pas question d'autre chose. Aujourd'hui ce n'est plus possible, nous sommes beaucoup trop peu pour avoir de telles exigences. » Dans les années 1920, plus de la moitié de la vieille ville était encore chrétienne.

L'*apfelstrudel* tiède arriva. Chopin pétillait, Dvořák berçait, l'empereur François-Joseph et l'impératrice Sissi nous regardaient depuis leur cadre doré du café viennois de la Via Dolorosa où nous nous trouvions. L'hospice de la double monarchie était un lieu où plus d'un aimait venir et revenir se réfugier, tout comme moi. Les deux hommes, à ma table, glissaient insensiblement vers une époque où leur situation avait été meilleure. « Nous avions une grande maison à Jérusalem-Ouest, commença le docteur Alessandro en s'enfonçant dans les coussins, dans un quartier de villas, arabo-chrétien. Mon père l'avait fait construire avant la guerre. En 1948, le quartier échut à Israël et ma famille s'enfuit derrière les murs de la vieille ville, comme nous tous. »

« Nous avions une maison à l'Ouest », ainsi commençaient de manière élégiaque tous ces récits. J'allais encore entendre souvent de ces histoires de fuite, de perte, d'amertume. À la limite occidentale de la vieille ville, à la porte de Jaffa, pas loin de l'endroit où j'avais attendu Charly Effendi lors de notre première rencontre, là, à partir de 1948 et pendant dix-neuf ans, courait la frontière entre Israël et la Jordanie. La vieille ville était jordanienne, ses portes donnant sur l'ouest, la porte de Jaffa, la porte Neuve et la porte de Damas, restèrent fermées jusqu'à ce qu'Israël conquière la vieille ville, en 1967, et les rouvre. Le déclin de la vieille élite de Jérusalem, dont les fils mélancoliques et vieillis dégustaient avec moi un *apfelstrudel* surmonté de crème fraîche, avait commencé avec la fuite hors de leurs villas, à l'Ouest.

Le docteur Alessandro s'enfonça plus profondément dans le temps, jusqu'aux origines. Voilà qu'il me donnait son nom de famille. « Vous le trouvez parmi les noms des familles italiennes qui se rendirent au xı^e siècle en Terre sainte. Je descends vraisemblablement d'une famille de croisés. Nous remontons à mille ans. » Et comme s'ils avaient répété leur poème pour pouvoir le réciter dans leur sommeil, Charly Effendi se souvint : « Nous étions dans les affaires, directeurs de banque, docteurs, ministres. Nous étions la couche supérieure. Les hauts fonctionnaires de l'administration du mandat britannique étaient pratiquement tous chrétiens. »

« Le roi Hussein ne voulait-il pas nommer un parent à toi ministre ? » reprit le docteur Alessandro. « Oui, répondit son ami, mais il a refusé. Il pensait que ses connaissances en arabe étaient insuffisantes. Il le parlait bien, naturellement, il parlait quatre ou cinq langues comme nous tous, ici. Mais il trouvait qu'il ne parlait pas assez bien l'arabe. C'était comme ça, on était comme ça. Et aujourd'hui ? » Il se répondit à lui-même. « Pour la première fois dans l'histoire, nous avons un prolétariat arménien. Nous autres, Arméniens, nous étions les orfèvres de Jérusalem. Aujourd'hui il n'y en a plus qu'un – un seul ! »

Nous avions quitté ce simulacre de Vienne, nous avions une partie du chemin du retour en commun. Jérusalem la nuit était une merveille, ses ruelles et ses bazars, calmes et déserts, nous avions toute la ville pour nous. Alors que nous gravissions une ruelle en escalier, le *dottore* s'immobilisa sous une voûte, un petit tunnel. « Des soldats se trouvaient bloqués sous cette arche, pendant la deuxième Intifada. Ils ne pouvaient ni avancer ni reculer. Quand ils m'ont vu venir, ils m'ont pris pour un Juif et m'ont fait signe de ne pas continuer, que je risquais ma vie. Des pierres. Des tirs. » Il sourit. « Mais je suis médecin. Et je suis d'ici. C'est ma rue. »

Nous étions parvenus à une autre arche. Le *dottore* s'immobilisa de nouveau pour raconter cette expérience vécue dans sa ruelle.

« Ici j'ai été appelé auprès d'un blessé, pendant la deuxième Intifada. D'un côté, c'étaient des pierres qui volaient et, de l'autre, des soldats qui tiraient.

– Et tu as continué ? demanda Charly Effendi.

– Oui, j'ai continué. L'homme auprès de qui j'ai été appelé avait le visage détruit, c'était urgent.

– Tu as pu faire quelque chose pour lui ?

– Je l'ai bandé, c'est tout ce que j'ai pu faire. C'était la nuit. Après il a dû aller à la clinique. Je ne sais pas ce qu'il est devenu. »

Il prit congé et nous avons continué tous les deux. Charly Effendi me proposa un petit détour par Khan el-Zeit, un souk très ancien. Il voulait me montrer quelque chose que très peu de gens avaient l'occasion de voir. Tous les rideaux de fer étaient baissés, fermés, si bien que les vieux murs du bazar étaient vides. Il m'emmena près d'un endroit où il frotta une allumette. Des lettres latines gravées dans le mur jaillirent, un nom, Anna.

« Ce sont des traces de l'époque des croisés. Autrefois les marchands payaient leurs impôts directement aux églises et aux cloîtres. Anna signifie que ce marchand du bazar réglait ses impôts au couvent Sainte-Anne. Il existe toujours, c'est le grand cloître près de la porte des Lions. Et maintenant, regardez. » Une nouvelle allumette, un T de la grosseur d'une main apparut sur le mur.

« Vous savez ce que ça veut dire ?

– Non.

– Ça veut dire Templum Domini.

– L'église du Saint-Sépulcre ?

– Non, le dôme du Rocher, c'est ainsi qu'il s'appelait au temps des croisés. »

Nous avions marché un peu plus avant dans la nuit calme de Jérusalem et retournions à la porte de Jaffa, à présent. « Nous sommes les derniers, dit-il, tout près de moi. Nous sommes restés par conviction. Nous ne nous sommes pas mariés, nous n'avons pas d'avenir. Je ne peux pas en vouloir aux jeunes de partir en Amérique ou à Amman. Que feraient-ils ici ? En tant que chrétiens, ils ne trouveront pas de bon métier, sans parler d'une femme. Regardez-moi, j'ai soixante ans. Je pense encore à me marier, mais avec qui ? Il n'y a personne. *There's no joy in this city*, je vous l'ai dit. »

UN HURLEMENT DANS LA NUIT

J'étais de nouveau réveillé avant le jour, j'avais de nouveau grimpé jusqu'au toit plat de l'hôtel l'escalier étroit et usé, son bois fendu, gris, sec comme de l'amadou, et qui ne craquait plus sous mes pieds tant il était las. J'étais gelé. Il s'agissait d'attendre, maintenant. Enveloppé dans l'épaisseur des trois couvertures tachées, feutrées, que l'hôtelier m'avait fournies, j'attendais que la lueur rédemptrice se montre, au-dessus du mont des Oliviers, la bande frêle qui sépare le ciel et la terre, l'ombre et la lumière.

L'étoile du matin était là, glacée, le grand joaillier l'avait déposée sur le velours noir de la nuit. Et puis – même si je le connaissais, qu'il s'était déjà parfois immiscé dans mon sommeil – l'appel à la prière me saisit de nouveau par surprise, provoquant un léger effroi. Si fort, si près, éclatant comme un coup de feu dans le silence. D'autres crieurs s'ajoutèrent, on appelait de partout maintenant, insistant, rivalisant, bientôt un chant unique à plusieurs voix, impossibles à discerner, au-dessus de la ville. Qui était immobile. Rien ne bougeait, pas un son, pas une lumière.

Allahu akbar ! Vous, les croyants, feriez mieux de prier au lieu de dormir. Blottie dans la froidure de la nuit, Jérusalem écoutait l'annonce venue du désert, car telle était l'impression. L'appel ne semblait pas venir de la ville, c'était comme s'il l'encerclait pour déferler en vagues, des vagues de sable dur. À la lumière du jour, je le savais, l'appel à la prière retentissait des haut-parleurs des minarets qui pointaient dans le ciel entre les hautes coupoles de la ville. Mais dans la nuit, cela ne comptait pas, on ne pouvait pas y croire. Ce que j'entendais sur ma terrasse à présent, c'était le chant du désert provenant des oueds et des solitudes rocheuses, là-bas, derrière le mont des Oliviers, un hurlement depuis la pierre, depuis le buisson d'épines. Resserrant ma couverture sale autour de moi, j'attendis le jour.

Allahu akbar ! encore un dernier. Aussi durement qu'il avait éclaté, l'appel à la prière cessa. Et de nouveau le calme de la nuit, puis les cloches des églises de Jérusalem. Doucement, s'assemblant d'abord, le son familier, le balancement, et puis il devenait plus plein, plus dense, tout un monde résonnait, une enfance lointaine. Mais venait encore autre chose, une fois les dernières cloches éteintes. Un coup métallique lourd, plus fort et plus lourd que tout le reste, une cloche d'un autre genre. C'est un ange qui frappe l'airain, ainsi se forgent les destins, celui qui l'entend retient son souffle. Les trois derniers coups maintenant, tous pareils, un amen de métal. Et le jour parut.

Tout engourdi comme un veilleur de nuit, je descendis l'escalier, fourrageai avec ma clé dans la serrure usée de la 29 et me glissai dans l'étroite chambre de pierre sous les trois couvertures.

Là où j'ai grandi, on peut visiter une chambre funéraire de pierre dont l'attraction est le trou pour l'âme, à son extrémité. Les hommes de l'âge de pierre, avec leurs outils rudimentaires, savaient pertinemment qu'il y avait là bien plus que ce qu'ils pouvaient tuer et manger, prendre et abattre. Et quand l'un d'eux mourait, ils laissaient une évacuation pour ce qui fait de l'homme un homme, et le quitte à l'heure de la mort. En refermant la porte de ma chambre pour la première fois, j'avais pensé à la chambre funéraire de pierre. Je me tenais sur de la pierre. Et quand je m'étirais dans mon sommeil, je butais sur de la pierre.

Le lit de fer aurait presque pu remplir toute la pièce. Autrement rien, même pas une chaise, juste cinq clous au mur. Deux de trop car trois suffisaient pour la veste, le pantalon, la chemise. Les couvertures sous lesquelles je dormais ne sentaient pas bon. Au bout de quelques nuits, j'étais imprégné de leur odeur. Quoi d'autre ? Deux niches dans le mur, l'une à la tête de ma couche, assez grande pour y mettre une lumière, l'autre près de moi. Une niche pour la lumière des morts, une niche pour l'offrande aux morts, la chambre funéraire de pierre était prête.

Et le trou pour l'âme. C'était la petite fenêtre de ma chambre, l'unique, mais quelle fenêtre ! Devant moi s'étendait Jérusalem, et toutes ses coupoles d'or et de pierre, ses merveilles. Que fallait-il de plus ? Je trouvais du plaisir à être dans ma tombe.

LE ROI DU MURISTAN

P our me réchauffer, quand je sortais à l'aube de ma chambre
de pierre ou du Saint-Sépulcre, j'aimais aller dans un café
tout près de l'entrée sud de cette église. Là, au cœur de Jérusalem, se trouvait un marché, le souk Aftimos, avec des tables
devant les cafés côté soleil, où se tenait toujours assis le même
vieil homme émacié aux rougeurs liées à l'âge, arborant un
sourire insouciant sur son visage, sans raison particulière, portant un bonnet de fourrure caucasien, attablé devant un thé à la
menthe et une montagne de petits anneaux de sésame chauds
qu'il mangeait tranquillement, le pain arabe du matin.

Parfois flottait sur ses traits une expression entre ironie et
mélancolie, comme s'il voulait signifier : qu'est-ce qui pourrait
encore me surprendre ? j'ai tout vu. Quand il me vit arriver,
il leva brièvement les yeux, hocha la tête en connaisseur, et
comme je m'asseyais près de lui et que je croisais les jambes,
il désigna mes chaussures.

« Bonnes chaussures ! »

Il frotta le pouce contre l'index, un geste qu'on comprend
partout dans le monde.

« C'est sûr, dis-je, et pas vraiment bon marché.

– Pas de fabrication industrielle, hein ?

– C'est un cordonnier qui me les a faites. »
Satisfait, il hocha la tête et désigna la couture.

« C'est du bon travail, on n'en voit plus très souvent »
– et de nouveau apparut ce sourire aux nettes tendances
moqueuses – on le remarque quand on est sur terre depuis
aussi longtemps que moi.

Il en venait déjà à son jeu préféré avec les touristes et les
pèlerins.

« J'ai quel âge ?
– Quatre-vingts ?
– Plus !
– Quatre-vingt-deux ?
– Plus !
– Quatre-vingt-sept ?
– Plus !
– Alors quatre-vingt-dix.
– Quatre-vingt-quinze ! Bientôt quatre-vingt-seize, je suis
né en 1918. »

Il émit un rire muet. Il avait réussi une fois de plus à intri-
guer l'un des étrangers qui passaient devant lui tous les jours
et je m'étonnai comme il convenait, sans trop devoir jouer la
comédie, il n'avait vraiment pas l'air d'un futur centenaire. Il
se présenta.

« Je suis le roi Salomon !
– Ah ! vraiment ?
– Quasiment. Je m'appelle Abu Salomon, le père de
Salomon.
– Alors le roi David.
– Oui, mais restons-en à Salomon.
– Abu Salomon, c'est arabe. Vous êtes musulman ?

« – Non, je suis chrétien, ma famille est là depuis huit cent trente-sept ans.

– Et toujours à Jérusalem ?

– Toujours à Jérusalem.

– Dans le même quartier ?

– Le même quartier.

– Dans la même maison ?

– La même maison. »

Puis il se tut, fatigué d'avoir parlé. Assez de conversation pour aujourd'hui. Je payai mon café du matin au prix touristique – trois fois plus que dans n'importe quelle taverne au fin fond du souk pour un café trois fois moins bon – et je dis au revoir à Abu Salomon. Il me fit un signe gracieux.

J'avais déjà fait quelques pas quand un nuage au parfum de pavot et de cannelle vint à ma rencontre – un chariot de pâtisseries sorties du four tournait au coin. J'achetai l'un de ces délicieux petits gâteaux à la cannelle et, quand l'apprenti boulanger me demanda si c'était bon, car j'étais son premier client aujourd'hui, je n'eus pas à me forcer pour louer sa pâtisserie, la meilleure du Muristan.

Muristan – mot d'origine persane signifiant « hôpital ». À l'époque romaine, c'était le forum qui se trouvait là, au Moyen Âge, l'hôpital de l'ordre de Saint-Jean et une église des croisés. Suivirent des siècles de ruines. Puis l'empereur Guillaume, ami des mises en scène et des costumes, amateur d'identités choisies, postmoderne avant la lettre. L'idée lui plaisait d'être le premier empereur allemand depuis le duc sicilien de Souabe, Frédéric II, c'est-à-dire depuis six cent soixante-neuf ans, à venir à Jérusalem et à apposer l'empreinte de sa dynastie protestante juste à côté de l'église du

Saint-Sépulcre de l'empereur romain Constantin, l'église du Rédempteur. Le jour de sa consécration, à l'occasion de la fête de la Réforme, le 31 octobre 1898, Guillaume II fit son entrée dans Jérusalem.

L'église tranchait avec son environnement comme un nez neuf sur un très vieux visage. Elle a cent quinze ans mainte-nant, vingt ans de plus qu'Abu Salomon, et paraît toujours aussi neuve. Cent quinze ans, ce n'est pas un âge, ici. L'église des Hohenzollern fut érigée dans la pierre calcaire blanche de la région avec laquelle toute la ville est construite – cette pierre qui permet d'absorber la lumière de Jérusalem, de l'engranger et de la faire rayonner au crépuscule. Mais où y a-t-il à Jéru-salem un autre édifice ainsi découpé en série, fait de pierres exactement de la même grosseur ? Sans la moindre pierre de taille antique ni la moindre colonne, une église sans traces ? Jérusalem est blanche, d'un blanc de craie, claire – de l'exté-rieur. À l'intérieur elle est sombre, noire de suie, peu propice aux images. L'église de l'empereur Guillaume, édifiée dans son style néo-roman favori, est aussi blanche au-dedans qu'au-dehors.

Son entrée en octobre 1898, les habitants de Jérusalem en parlent encore aujourd'hui comme s'il s'agissait d'un événement remontant à quelques semaines, et ils appellent toujours Guillaume « the Kaiser », avec un sous-entendu vaguement péjoratif. Il a fait quelque chose qu'on ne pourra jamais oublier, à Jérusalem. Il n'est pas descendu de cheval à la porte de Jaffa pour pénétrer humblement dans la Ville sainte, comme ça se fait depuis toujours chez les princes, les rois et les puissants seigneurs ; ici, même eux ne sont que des pèlerins – alors qu'ils descendent de leur cheval. Mais Guillaume, ce fou de protestant, entra dans la Ville sainte sur sa monture. Personne, parmi ceux avec qui j'en parlai, ne le dit ainsi, mais pour un authentique habitant de Jérusalem, c'est un blasphème. Le général britannique Allenby – vingt ans après la visite de l'empereur – passait encore la porte de Jaffa à pied après avoir vaincu les troupes ottomanes en 1918 et pris Jérusalem. Non, ce Guillaume ne savait vraiment pas se conduire.

La porte de Jaffa avait été ouverte et élargie exprès pour lui et sa cour. On érigea des arcs de triomphe pour l'empereur et son auguste impératrice, les badauds se pressèrent le long des rues, des enfants juifs chantèrent des chansons populaires allemandes pour le noble couple, le sultan envoya à son allié une tente d'apparat pour que la cour impériale ait un campement décent devant les portes de cette ville étroite, partiellement en ruine, à l'époque, tout sauf splendide, dans un *no man's land* poussiéreux entre Constantinople et Le Caire.

Aujourd'hui c'est encore le quartier musulman qui donne l'idée la plus fidèle de la Jérusalem poussiéreuse d'autrefois. C'est là que je voulais me rendre. Le soir approchait, la Via Dolorosa était si animée que je n'avançais qu'avec lenteur. Bifurquant dans la première ruelle latérale calme, je me perdis dans le quartier arabe. Là, je ne voyais que peu de gens mais on entendait des voix, des mots arabes criés ou murmurés dans un passage qui se perdait dans le noir ou dans une cour d'habitation qui me demeurait invisible. Je passai devant des centaines de portails et de portes sans me sentir appartenir aux lieux. Au-dessus de moi s'élevaient les néons verts des minarets, dans le ciel se trouvait une demi-lune pâle. Puis, de nouveau, des images familières. Au plus profond de l'Arabie de la Ville sainte, on trouvait parfois aussi un portail de cloître, un clocher d'église. Dans la Jérusalem ancienne, les peuples et les religions n'étaient visiblement pas aussi nettement séparés que dans la ville nouvelle.

À ma grande surprise, je sortis par la porte d'Hérode. Je m'assis sur un des tabourets du café, observant la rue animée qui s'élargissait en une petite place. Quelques boutiques, le marchand de légumes, le boulanger, le boucher. Des femmes voilées. Des jeunes filles en groupes, celles qui portaient un foulard et celles qui laissaient libres leurs cheveux longs. Maintenant des soldats arrivaient, ou étaient-ce des policiers ? Certains sécurisaient la rue avec leurs mitraillettes, d'autres entraient dans les magasins. Je supposais qu'ils cherchaient un suspect, mais le propriétaire du café secoua la tête. « Taxe ! » dit-il. Il s'agissait des impôts, et je découvris soudain la signification du mot « taxer ». Dix hommes en armes accompagnaient et protégeaient l'homme de l'administration fiscale qui taxait les boutiques arabes.

Soudain des pas rapides, un mouvement, quelque chose porté sur les épaules, le groupe approchait vivement. Un enterrement au pas de course, je voyais maintenant : les hommes portaient un cercueil ouvert. Le mort était décédé aujourd'hui et, ainsi que le voulait la coutume, on l'enterrait le jour même. Dehors, non loin de la porte, se trouvaient les cimetières musulmans, en face de ceux des juifs, de l'autre côté de la vallée, avec la même blancheur, la même pierre de Jérusalem que de ce côté. Le mort enveloppé d'un linceul blanc balançait doucement au rythme des porteurs de cercueil.

Le groupe arrivait à la hauteur des soldats. Étais-je le seul à sentir la tension ? Ne pouvait-elle pas éclater à tout moment en haine, en effusion de sang ? Il ne se passa rien. Le cortège funéraire dépassa les soldats et disparut aussi hâtivement et aussi calmement qu'il était venu. Moi aussi je continuai, et parce que le crépuscule du soir emplissait déjà les ruelles, je cherchai un escalier pour arriver au mur de Soliman. J'entendis des voix au-dessus de moi puis je sentis des petits cailloux. Quelques garçons me jetaient du gravier depuis une terrasse, et des mots anglais. Rien de grave, ils avaient onze ou douze ans, mais j'accélérai le pas. J'arrivai à une cage où leurs aînés jouaient au football et demandai à l'un d'eux l'escalier qui menait au mur. Il dit que l'escalier était fermé mais qu'il pouvait me montrer un passage secret qu'ils utilisaient quand ils voulaient monter après l'heure de fermeture. Je le remerciai, grimpai puis cheminai au-dessus d'un paysage de pierre fait de ruelles sombres, de terrasses, de coupoles et de créneaux en direction de la porte de Damas. Le ciel était couleur pierre de lune, à présent.

Lorsque j'atteignis la porte de Damas, je constatai que là aussi le passage était fermé. Indécis, je revins un peu en arrière. Un jeune Arabe m'observait depuis la terrasse de sa maison, il me cria que continuer, ça n'avait pas de sens, toutes les voies partant du mur étaient maintenant barrées.

« Tu es d'où ?
– D'Allemagne.
– De Munich ?
– Berlin.
– J'adore Munich. Thomas Müller ! »
Et débuta un échange de noms que nous nous jetions comme des petits garçons jouant aux cartes.
« Ribéry !
– Lahm !

– Dante !

– Robben !

– Badstuber !

– Martinez !

– Shaqiri !

– Neuer ! »

Et cela continuait, nous les avons énumérés tous jusqu'à épuisement du stock. Lui qui ne parlait qu'arabe et un mauvais anglais parvint à prononcer distinctement tous les noms étrangers, allemands ou autres, des joueurs du Bayern de Munich, même le plus difficile, Bastian Schweinsteiger. Ce n'est qu'après en avoir fini qu'il se souvint de ma situation fâcheuse. Je ne pourrais pas descendre du mur sans aide avant le lendemain matin, dit-il. Sauter était impensable, les remparts étaient bien trop hauts, escalader, hors de question, ils étaient trop lisses.

« Viens, appela-t-il, saute. »

Il désigna une barre de fer branlante, à moitié détachée de sa balustrade, qu'il fallait que j'attrape au vol pour me hisser jusqu'à sa terrasse. Sans trop m'attarder à réfléchir, je fus près de lui dans la seconde. « Ma maison », dit-il non sans fierté, m'emmenant à travers des couloirs tortueux et des marches à ciel ouvert.

J'eus une expérience semblable quelques jours plus tard, à la grille de sécurité pour aller au mur des Lamentations. Cela commença comme sur les remparts du quartier arabe.

« D'où ?

– D'Allemagne. »

Le garde juif me considéra.

« Quelle voiture ? »

Je le lui dis.

Il sourit.

« BMW ! »

Ce fut un monologue, cette fois. Il jouait aux cartes tout seul. « Mercedes ! Hum. Porsche ! Hum, 911. Panamera ! » Nous avons souri tous les deux, avons hoché pensivement la tête. Puis il a fait un geste désinvolte de la main. « Allez-y, tout va bien. »

Comment ce pourrait être

Jérusalem aspirait depuis longtemps à la pluie, mais en vain. Il faisait froid, il avait même neigé dans la ville située sur les hauteurs mais cet hiver renonçait à ses devoirs – irriguer les monts de Judée et le désert avant les grandes chaleurs de l'été. Les citronniers des cours et des couvents portaient déjà des fruits, le printemps remontait de la plaine, les nuits pouvaient être encore d'un froid coupant mais le soleil devenait chaque jour plus chaud. Il ne manquait que la pluie nourricière.

Par une matinée froide et ensoleillée, je franchis la porte de Jaffa en direction du campement de l'empereur Guillaume, descendis un escalier nouvellement aménagé et me trouvai quelques secondes plus tard dans l'attraction la plus récente de Jérusalem, Mamilla Avenue. Une artère commerçante toute fraîche avec cafés, restaurants et boutiques dans la ville nouvelle, accessible depuis les deux côtés, l'Est et l'Ouest, et qui était empruntée… par ceux qui étaient ennemis, selon les convictions de chacun. Le commentaire d'Ada me revint à l'esprit : « Un miracle ! Mamilla est un miracle. »

Ada vivait dans le quartier juif, nous nous connaissions depuis des années. Son histoire familiale tout comme sa vie étaient étroitement mêlées au destin de Jérusalem. Au xixe siècle, tandis que de riches habitants de la vieille ville, de plus en plus nombreux, bâtissaient des maisons et des villas à l'ouest du mur d'enceinte, l'arrière-grand-père d'Ada avait créé tout un quartier dans la ville occidentale nouvellement surgie. En 2006, le fils d'Ada avait servi, pendant la guerre du Liban, dans la même division de blindés que le fils de l'écrivain David Grossman et livré la même dernière et amère bataille dans laquelle celui-ci était tombé. Lorsque Ada était devant sa fenêtre, elle voyait les vieilles tombes juives sur le mont des Oliviers. Dans l'une d'elles, son grand-père attendait la résurrection.

Après que le quartier juif de Jérusalem eut été détruit par les troupes arabes pendant la guerre de 1948 et que toute la vieille ville fut devenue jordanienne, Ada, qui était alors une jeune femme, scrutait avec nostalgie, depuis les toits de Jérusalem-Ouest, le chaos de ruines du quartier juif, cherchant la maison perdue de sa famille – tandis que les Grecs, les Arméniens et les musulmans ayant fui la ville occidentale se tenaient sur les toits de la vieille ville et se languissaient de leurs villas perdues dans la partie ouest. Ada connaissait les deux côtés, les deux histoires. Si elle disait que Mamilla était un miracle, c'en était vraiment un.

Ce que de nombreux appels à la paix bien-pensants, ce que tant d'initiatives de conférences de paix n'avaient pas accompli, le nouveau *shopping mall* l'avait réussi facilement. « Shopping » ici ne signifiait pas *Shopping, Sir !* Ce n'était pas un devoir touristique, comme dans le bazar, c'était une invitation. Ici tu peux sortir, flâner, rencontrer des amis. Ici personne ne te demande ta religion ou ton passeport. Et on acceptait l'invitation, du matin au soir les cafés étaient pleins de juifs, complètement orthodoxes ou pas – et de musulmans.

Hommes et femmes, ces dernières habillées et maquillées avec soin, savouraient la journée et le bon café. Des jeunes femmes avec le foulard islamique, des jeunes femmes avec la perruque.

Et si ces deux-là avaient posé leur coiffe sur la table voisine avec un bel ensemble, il ne s'agissait pas d'une conspiration – il s'agissait du jeune homme avec lequel l'une d'elles, qui avait mis la mosquée al-Aqsa sur son écran d'accueil, flirtait en échangeant sur un site d'actualités. À une autre table, des Juifs américains, à la table de droite un moine grec avec sa famille venue en visite. De l'autre côté, des pèlerins italiens en palabre. Si je fermais les yeux, je pouvais m'imaginer assis sur la piazza de Santa Maria di Castellabate. Bref, Mamilla était irrésistible dans cette ville divisée, pas particulièrement réputée pour sa joie de vivre.

À de rares occasions, quelque flâneur palestinien jetait un bref regard étonné, jamais je n'ai vu plus grande surprise. Jusque tout récemment encore, chacun demeurait strictement dans son monde. Dans les rues de Jérusalem-Ouest, on ne voyait pour ainsi dire pas de musulmans, devant les cafés se tenaient des gardes de sécurité quand il n'y avait pas un sas comme dans les aéroports. Rien de tel dans le Mamilla Mall. Ici chacun allait et venait librement – si librement que lorsque je restais assis au soleil, observant cette animation pleine de vie, des images rôdaient dans ma tête, des images d'actualités. Lieux d'attentat juste après l'explosion, corps gisants, hommes barbus portant des bières au pas de course, hurlement des sirènes. J'effaçai ces images. C'était le printemps à Jérusalem, enfin le printemps.

Dans l'un des cafés, on donnait son prénom et on allait chercher sa commande à l'appel. Les prénoms résonnaient dans l'air toute la journée, des noms juifs, arabes, chrétiens. David ! Mahmoud ! Louis ! Lea ! Leyla ! Anna ! Et David, Mahmoud, Louis, Lea, Leyla, Anna venaient en entendant leur nom dans le haut-parleur, prenaient leur cappuccino, leur sandwich, et retournaient à leur table pour boire ce cappuccino et manger ce sandwich. Cette procédure on ne peut plus simple, dont on ne prendrait même pas conscience ailleurs – c'était cela, le miracle de Mamilla.

Y avait-il un autre endroit, à Jérusalem, où de tels noms étaient appelés, mélangés de cette façon, dans un dessein aussi paisible que celui de manger ensemble un petit quelque chose à midi ? Certainement pas dans les cours des blocs d'immeubles, l'habitat est entièrement séparé. Dans les cours d'école non plus, l'enseignement, si possible, est séparé. Et dans les cours des casernes encore moins.

« Petite Europe », ainsi Ada avait-elle surnommé le Mall. Une intention aimable, admirative, mais aussi un miroir. Il suffisait d'un angle de vue légèrement modifié pour reconnaître la caricature. Une odeur de croissants frais flottait dans l'air, ainsi qu'une sorte de musique, parfois, diffusée pour apaiser les nerfs. Toujours mélodieuse, avec guitare et piano. Surtout rien de dur, de nerveux. Parfois un musicien des rues se tenait là qui pinçait les cordes de son ukelélé.

Était-ce cela, l'Europe – surtout rien de dur, et pas de forme solide ? Une musique ruisselante, des vêtements décontractés, des manières décontractées, petit déjeuner du matin au soir. Le Mall attirait aussi la moquerie, et le plus sarcastique était Charly Effendi. Il l'appelait la promenade de cour de Jérusalem-Est, une heure d'insouciance pour ceux dont la vie était sinon pesante et pénible. Ce qui ne l'empêchait pas d'y prendre part. De temps en temps il voyait le Mall d'un bon œil pour y boire son café au lait.

Je connaissais des gens de vieilles familles de Jérusalem qui s'interdisaient strictement d'entrer dans la partie occidentale de la ville depuis des décennies et qui en auraient voulu à Charly Effendi d'y aller – s'il le leur avait dit. Il disait du Mamilla Mall que c'était un cimetière construit sur le quartier arabe, enterré en dessous.

C'était vrai, devant la porte de Jaffa s'étendait un quartier commerçant arabe, des petites boutiques pour des choses de la vie quotidienne. Il avait été démoli et le Mamilla Mall avait pris sa place. Charly Effendi connaissait la préhistoire de cette nouvelle zone de loisirs mais se contentait de sourire devant l'entêtement de certains amis. « J'ai tout de suite appris l'hébreu, à l'époque, me dit-il, je ne me laisse pas rabaisser au niveau d'un imbécile à moitié analphabète. » Il était comme ça.

Il ressemblait un peu à un employé du port de Marseille, quand il s'avançait avec lenteur, bien campé, un sourire de marin sur son visage, un bonnet de laine sur sa tête – mais c'était du camouflage. C'était un intellectuel arménien, de la tête aux pieds. Se battre pour sa Jérusalem signifiait pour lui comprendre Jérusalem, et mieux que l'adversaire. Tout lire, tout savoir, connaître tous les acteurs. Cela signifiait aussi maîtriser la langue de ceux qui se disputaient le sol sur lequel il se trouvait. Le grand souci de Charly Effendi concernait l'avenir de son quartier arménien. Il n'avait de cesse de me raconter que des parties entières de ce quartier avaient été mises sur la table lors des diverses négociations autour d'une solution pacifique pour Jérusalem.

Un intellectuel arménien, cela signifiait également qu'il était assez intelligent pour savoir que les plus rigides sont aussi ceux qui rompent les premiers. Envers le Mamilla Mall, Charly Effendi avait deux attitudes, l'une de principe et l'autre fondée sur le café : s'il parlait du fond, le Mall était la rue de la tentation – une offre de collaboration proposée avec une remarquable habileté par l'occupant, il fallait le lui concéder, mais bien un lieu de corruption. Assis là, il observait en secouant la tête les jeunes Palestiniens qui passaient en flânant, leurs sacs d'achats à la main. « Plus aucune conscience politique, ces jeunes ! »

Mais si on se retrouvait à la porte de Jaffa et qu'on se demandait où aller prendre un café, le même Charly Effendi désignait le Mall d'un mouvement de tête. Le café était bon, on ne pouvait le nier. Je me moquais de lui, entre-temps nous étions passés au tutoiement. « Laisse leur *latte macchiato* aux jeunes Arabes. Pour eux, Mamilla c'est comme Paris pour toi. »

Je voyais clairement sa façon de considérer l'ensemble. Cette heure d'insouciance, cette parodie du Mitte, un quartier central de Berlin, à la porte de Jaffa assouvissait une nostalgie très forte, c'est pourquoi le Mall fonctionnait si bien. Le désir de légèreté, ici, à l'extérieur de la porte, était d'autant plus grand que le quotidien, derrière la porte de Jaffa, était tout sauf léger. Pourtant cette insouciance était bien réelle, telle était la complexité de la chose. Impossible de ne pas trouver sympathiques les jeunes Israéliens qui travaillaient dans les boutiques et les cafés. Une perfide astuce des Israéliens ?

Toutes ces jeunes femmes qui conduisaient les clients à leur table avec une amabilité semblable, qu'ils portent de longues barbes et des kippas ou de longs manteaux et des foulards ; tous ces jeunes gens qui faisaient la cuisine et le service et griffonnaient à la main, sur chaque ticket imprimé, « *service not included* » ne perdaient jamais patience, distribuant généreusement leurs sourires. Ils contribuaient plus à cette irrésistible impression d'Europe que tous les croissants et les cappuccinos réunis.

Une fois, je demandai à un jeune garçon s'il y avait déjà eu, dans son café, des problèmes entre clients juifs et arabes. Un bref « non », telle fut sa réponse. La question l'agaçait, visiblement. Il la trouvait déplacée. Et d'ailleurs, elle l'était – c'était cela, justement, le miracle de Mamilla.

CAVERNES ARABES

L e jour suivant, je pris la direction inverse et j'atterris dans le monde opposé. Devant la porte de Damas se rejoignaient deux rues, Souk Khan el-Zeit et al-Wad. Un flot humain unique, je n'avançais qu'avec lenteur vers la porte. Des hommes en costume arabe traditionnel ou de ce brun grisâtre qui règne dans les rues de nombreuses villes du Sud et de l'Est, et rend l'homme qui le porte aussitôt invisible tandis que le vêtement traditionnel l'embellit presque toujours. J'évitais les matrones arabes et les pousseurs de chariots, abeilles industrieuses du souk. Certains faisaient entrer de nouvelles marchandises, d'autres sortaient les déchets. Derrière chacun de ces chariots usés mais robustes traînait un pneu sur lequel monter pour freiner. Mais si la ruelle était en pente, le conducteur de chariot montait avec son chargement sur son pneu pour dévaler sur le pavé, comme le font les enfants, dans nos pays, sur un lac gelé. Évitant les femmes assises au sol qui vendaient des herbes, je me frayai un passage à travers les cris des commerçants, des changeurs d'argent, des propriétaires de café, pour passer enfin la sombre porte de Damas, la plus grande, la plus somptueuse des portes de Jérusalem. De l'autre côté se trouvait un marché arabe, c'est là que je voulais aller, un ami m'avait dit qu'on y torréfiait du bon café. Ayant franchi le rideau de fumée du vendeur de brochettes, je passai devant l'homme au houmous en train de fermer son magasin car c'était déjà l'après-midi, or le houmous constitue le petit déjeuner arabe. Je continuai mon chemin, dépassant l'odeur d'abattage, l'odeur de pain, le parfum du bois fraîchement coupé.

« Combien de sucres ? » demanda le propriétaire du café sans regarder. Je lui tendis cinq shekels, j'attendis que le rituel soit mené à son terme. Verser, transvaser, et transvaser encore, le tout avec entrain, d'un mouvement fluide, bras levé, jusqu'à ce que le café corsé ainsi obtenu coule enfin dans la tasse comme le jet d'une fontaine, tasse représentée ici par un gobelet de carton. Que je pris avant de pénétrer dans la caverne des hommes.

Là étaient assis sur ce qui avait été autrefois des sièges de plastique blanc, à des tables usées, les buveurs de café, les fumeurs, les joueurs de cartes. Il restait un siège libre. Je m'assis et fis un hochement de tête, on hocha la tête de concert. La première table jouait sans parler, quatre hommes absorbés par la guerre des cartes. La deuxième table était plus bruyante, chaque carte jouée était commentée, ils jouaient tous les quatre pour parler du jeu. La troisième table était celle du pathos. Elle resta calme pendant deux ou trois tours, mais c'était le calme tendu d'avant le cri. Ce fut le balèze à la casquette de trafiquant qui le poussa, les yeux exorbités. Celui sur qui on criait réagit stoïquement, sans même ciller. Il y eut de nouveau un moment de calme pesant, puis le jeu se termina et la main du vainqueur se tendit, un maigre au nez crochu avec un calot blanc, son index s'enfonça comme une baïonnette dans la poitrine du vaincu et il fit échapper, au milieu du silence, un bruit de bouche impudent et triomphant, étonnamment clair et net.

There's no joy in this city ? Mais dans cette taverne se trouvaient réunis de nombreux plaisirs. Le plaisir des hommes. La joie du jeu. Le désir de vaincre. Extérieurement la taverne était aussi morne que possible, une voûte en berceau étroite et basse, pour les gens de grande taille assis près du mur, il fallait faire attention à sa tête en se levant. Une muraille nue, badigeonnée grossièrement, badigeonnées aussi les prises de courant placées au hasard, accrochées au mur comme de grands cafards recouverts de teinture de camouflage, le tout éclairé par les habituels tubes de néon du Sud.

Mais il y avait sur le mur nu, invisible, une parole inscrite dans la plus belle calligraphie arabe : nous sommes là. Nous étions là. Nous serons là. Nous étions assis là à jouer quand le calife Omar conquit Jérusalem, nous sommes restés quand vinrent les croisés et nous avons continué de jouer jusqu'à ce qu'ils s'en aillent, nous fumions et buvions du café quand les sultans du Caire puis de Constantinople se faisaient remettre d'ennuyeux rapports depuis Jérusalem, ville provinciale pour eux, quelque part dans le sable pauvre entre Le Caire, magnifique, et la riche Damas. Nous avons tendu l'oreille quand les peuples de la lointaine Europe se battaient mais avons cependant continué de jouer, nous jouions quand le général Allenby, pendant la Première Guerre, est arrivé dans la région, et puis le général Rommel, pendant la Seconde. Et maintenant ? Nous sommes toujours là. Et nous allons rester et fumer, et jouer, quand des hommes dont nul ne connaît encore le nom aujourd'hui, de futurs conquérants, de futurs vainqueurs ou vaincus se glorifieront de leurs hauts faits et finiront leurs jours, aussi vrai que Dieu nous aide. *Inch'Allah !*

L'inscription qui était au mur avait de bonnes chances de s'accomplir. Car, de même que la grotte dans laquelle la Sainte Famille, lors de sa fuite en Égypte, se cacha d'Hérode, le meurtrier d'enfants, enveloppée de toiles d'araignée, se trouvait à l'abri des soldats, de même cette taverne était protégée par sa porte de verre, si sale, si souillée que la lumière du jour pouvait à peine pénétrer, sans parler du regard d'un éventuel poursuivant.

Dans la taverne on pouvait vivre. On ne fournissait pas seulement le café et le thé – le meilleur de Jérusalem, au bout de quelques minutes le tenancier surgissait régulièrement avec des gobelets pleins qu'il distribuait sur les tables de jeu – non, on fournissait aussi une bonne coupe de cheveux et un rasage bien propre. Justement, au fond de la taverne l'un des hommes posait devant le barbier, jusqu'à ce que celui-ci se montre satisfait. Puis l'homme fraîchement rasé retourna à sa table de jeu et le barbier rassembla ses instruments dans un étui de cuir brun d'une beauté remarquable et quitta la taverne, preuve vivante de son art. De grande taille, l'air sérieux, une barbe soigneusement taillée qui semblait avoir poussé de la fourrure frisée de sa toque caucasienne, il ressemblait à un médecin ambulant versé dans divers arts, sachant non seulement poser des ventouses, mettre des enfants au monde et soigner les blessures, mais n'ignorant pas non plus, appelé dans une taverne comme celle-ci, le maniement du rasoir.

LE CORBEAU À MA FENÊTRE

Même si j'étais depuis un certain temps à Jérusalem, déjà, la première chose que je faisais à mon réveil, tôt le matin, à cause du froid qui, souvent, régnait dans ma tombe de pierre, c'était de regarder par la fenêtre. En dessous de moi se trouvait le bain des patriarches, un ancien gros étang entouré par les façades arrière ininterrompues des maisons environnantes. Il avait dû être bienfaisant, autrefois, de s'asseoir au-dessus de son eau fraîche lors des étés torrides, de nombreuses maisons avaient des balcons qui donnaient sur l'étang, depuis longtemps pour ainsi dire asséché, si bien qu'ils étaient suspendus dans l'air comme des nids d'hirondelle abandonnés et qu'ils tombaient lentement en ruine.

La moitié nord de la triste friche de l'étang était éclairée le jour par le soleil, mais sa partie sud, sous ma fenêtre, était un marais ombragé sur lequel nul rayon de soleil ne tombait jamais et où nageaient toutes sortes d'immondices. Parfois j'observais un chat fouillant le marécage à la recherche d'une chose comestible, et l'extrême précaution avec laquelle il posait la patte sur une planche pourrie ou sautait de pierre en pierre ne me rendait pas plus agréable le spectacle de ce cadavre d'étang d'un gris fangeux, luisant çà et là d'un vert empoisonné.

L'hôtel où j'habitais était un peu comme l'étang au-dessus duquel il se trouvait. De même que cet endroit avait dû être agréable, autrefois, de même mon hôtel, le Mediterranean, avait été le meilleur de Jérusalem. Les hôtels de Jérusalem dataient du XIXᵉ siècle, lorsque les États chrétiens d'Europe recommencèrent à s'intéresser à la Terre sainte de plus près. Les voyages à Jérusalem connurent un nouvel élan, que ce soit par piété – certains pèlerins russes se rendaient même à Jérusalem à pied – ou pour le plaisir, en liaison parfois avec des vues militaro-diplomatiques, car l'Empire ottoman, auquel la Terre sainte appartenait encore, présentait quelques fissures tentantes.

L'un des premiers clients du Mediterranean Hotel, qui venait alors d'ouvrir, était un officier de marine anglais portant un nom d'opérette, Augustus Adolphus Lyne. Le voyage depuis la côte jusqu'à Jérusalem était encore très éprouvant au milieu du XIXᵉ siècle, et Lyne arriva épuisé, perclus de douleurs dans le dos. Il se réjouit d'autant plus de trouver un excellent hôtel derrière la porte de Jaffa. Après son retour à Londres en 1872, il fit de son aventure de voyage un livre.

« Le Mediterranean Hotel est une très belle maison, spacieuse, et, ce qui compte plus que tout – propre et bien dirigée. Le panorama du toit est un tableau qui vaut d'être contemplé, quand on l'a vu une fois, on ne l'oublie pas. » Lyne loua la chambre aménagée autour d'une galerie à ciel ouvert, les rideaux résistant à la chaleur et à la poussière, pourvoyeurs permanents d'air frais devant des portes qui restaient ouvertes, les moustiquaires, la nourriture, le service, et même les autres clients, en général intéressants et distrayants. Contrairement aux hôtels dans la Syrie de l'époque, il n'y avait pas de clochette, au Mediterranean de Jérusalem, pour appeler les employés. « Il est de coutume, ici, de taper dans les mains, cela se révèle très efficace, un *"Yes, Sare"* arrive aussitôt en réponse. »

Je lisais ce livre sur mon lit de fer. Le refermant à cet endroit, je frappai dans mes mains. Il ne se passa rien. Seul le corbeau – qui avait élu depuis quelques jours l'un des câbles suspendus au mur extérieur de ma chambre comme poste de guet d'où scruter l'étang marécageux, en quête de proies –, le vieux corbeau, grand animal ébouriffé, s'envola à mon claquement de mains, fit une ronde au-dessus de l'étang des patriarches avant de revenir à sa place près de ma fenêtre. Ce fut tout.

Les jeunes gens qui se prélassaient toute la journée au bureau de la réception, au premier étage, absorbés dans des jeux sur leur portable, réagissaient à peine à mes allées et venues, encore moins à un claquement de mains provenant d'une chambre. Même une clochette syrienne ne les aurait guère perturbés. Et la table d'hôte tant prisée par Lyne ? Un mauvais djinn lui avait jeté un sort et l'avait transformée en un petit déjeuner arabe sans grâce servi chaque matin, alors que le soleil réchauffait la terrasse, dans une petite maisonnette érigée sur le toit. Un petit déjeuner arabe pouvait être somptueux, le plus somptueux de tous se trouvant chez l'homme au houmous, sur le marché de Musrara. Préparé nouvellement chaque matin, pois chiches en provenance de Jéricho, huile d'olive fruitée, un zeste de citron, un quart d'oignon, des tranches de concombres marinées dans des épices, et la journée pouvait commencer. Une fois la marchandise fraîche écoulée, l'homme au houmous fermait boutique et l'heure du petit déjeuner était terminée. Quelle différence. Ici, dans cette maisonnette perchée sur le toit, rien n'était frais, chaque matin on nous servait sur une planche les tristes restes des petits déjeuners précédents. Je ne prenais jamais rien même quand j'avais faim, je n'arrivais pas à m'y faire.

La seule chose du récit de voyage de Lyne que je reconnaissais sans éprouver un sentiment de perte, c'était la vue depuis la terrasse. Jérusalem s'étendait devant moi, ville de pierre, blanche, sous la lumière étincelante du jour, je plissais les yeux devant son rayonnement, au crépuscule flamboyait le néon vert des minarets, quand éclatait l'appel à la prière – leurs lances pieuses perçaient, seules lignes verticales, le paysage des coupoles de la vieille ville. Le toit de l'hôtel me dévoilait Jérusalem dans la magie du début et de la fin du jour.

Au matin, le premier rayon de soleil incendiait l'une des nombreuses croix des coupoles de la ville – une croix orthodoxe russe, ainsi que je le découvris plus tard, celle de l'église Alexandre-Nevski. Elle brûlait tel du magma en fusion. Après seulement luisait la coupole dorée de la mosquée al-Aqsa. Pour la dorer, d'après le bruit qui courait, le roi Hussein, qui se considérait comme le protecteur des Lieux saints musulmans de Jérusalem, aurait apparemment vendu une maison à Londres.

En ce qui concernait les clients dont Lyne avait tant apprécié la compagnie, ce n'était plus qu'un souvenir lointain. Au début j'étais le seul client de l'hôtel, ce qui simplifiait la chose. Quand il fit plus doux, les chambres se remplirent, j'entendais les nouveaux clients discuter, fourrager, quand ils rentraient dans l'obscurité, parfois il y avait de violents échanges dans la nuit. Qui étaient ces clients, je ne l'appris que lorsque, de bon matin, je croisai une femme sur la terrasse.

C'étaient des pèlerins de Kazan, dit-elle. Kazan, sur la Volga. Le prêtre du groupe montait sur le toit, lui aussi, un jeune paysan aux joues rouges, aux cheveux blond vénitien non coupés et réunis en une tresse qui descendait jusque dans son dos. À Kazan, j'étais descendu un jour à terre au cours d'un long voyage sur la Volga, de Samara, au sud, à Iaroslavl, au nord de Moscou. C'était une ville double, j'avais marché dans la Kazan musulmane et dans la chrétienne. À présent je me souvenais qu'alors, de nombreux avions remplis de pèlerins s'envolaient depuis Kazan vers La Mecque. « Oui, sourit l'habitante de Kazan, et maintenant ils s'envolent vers Jérusalem. » Je les croisais tous de nouveau plus tard, le même jour, dans l'église du Saint-Sépulcre, et le jour suivant. Ce n'étaient pas des touristes mais de vrais pèlerins.

Puis il se produisit une chose étrange. Un après-midi où je rentrais à l'hôtel, il y avait trois hommes dans l'entrée, qui ne passaient pas inaperçus. L'un ressemblait à un avocat. Costume, cravate, serviette. Il semblait tendu. Le deuxième, assez grand, avait un appareil photo à la main et une allure de policier en civil. Le troisième, le plus petit, avait l'air d'un colon. Il portait un jean et une kippa de coton blanc, et avait une façon de se tenir et de se déplacer, comme s'il savait que les choses changeraient bientôt du tout au tout. Mais il n'était pas armé. Celui que je tenais pour un avocat passait son temps à téléphoner et celui que je tenais pour un colon faisait de même. Quand ils eurent suffisamment téléphoné, ils gravirent tous trois l'escalier raide qui menait à l'hôtel.

Je les suivis, m'assis, pour la première fois depuis que j'habitais là, sur l'un des sièges miteux de la réception, curieux de voir ce qui se produirait. Je restai trois quarts d'heure, le temps qu'il fallut aux trois hommes pour examiner chambre après chambre, recoin après recoin, niche après niche, à cet étage seulement. Qui étaient ces gens-là, que faisaient-ils ici ? Le grand photographiait tout. Le petit se faisait tout montrer, posait des questions, parfois de routine, avec une quasi-indifférence, puis se montrait de nouveau tranchant, ouvrant une porte ici, un tiroir là, prenant une feuille, une offre d'excursion d'un jour dans la Bethléem chrétienne ou dans ce lieu saint israélien qu'est Massada. À cette vue il grimaça un sourire, lut le mot à mi-voix – « Massada ! » – et reposa la feuille. Des Palestiniens qui proposaient à leurs clients une virée à Massada, il trouvait ça curieux.

Et on me demanda d'ouvrir ma chambre pour la montrer aux trois hommes. Ils entrèrent, le grand la photographia sous toutes les coutures, le petit me souhaita en anglais une bonne matinée. Nous étions presque au soir. Je lui souhaitai une bonne nuit.

Une fois qu'ils furent partis, je m'adressai au jeune homme qui les avait guidés ou plutôt suivis dans son propre hôtel. C'était lui qui passait ses journées à jouer à la réception avec ses amis. Il était pâle comme la cendre. Il les avait reçus une heure avant sans un mot, tendu, maintenant il était renfrogné, ses lèvres ne formant plus qu'un mince trait sur son visage. Je lui demandai franchement si c'étaient des colons qui auraient eu des vues sur son hôtel.

Il me lança un regard furieux. Non, dit-il, c'étaient des gens d'un office municipal, il y avait des problèmes, c'est pour ça qu'ils étaient venus. Je ne le croyais pas. C'était une réponse évasive. Il ne voulait pas parler de ça. Il s'en alla. Avant que la porte ne se referme derrière lui, il cria encore à mon intention. « Personne ne me mettra dehors. Je mourrai ici ! » Une parole de colère, de détermination sauvage, une parole de désespoir.

UNE CIGARETTE

Voici comment je voyais les quatre quartiers de la vieille ville de Jérusalem. Le plus petit, l'arménien, me semblait un lieu trop intime pour pouvoir le parcourir longtemps. Il est dominé par le couvent arménien, haut et sans mur, et le palais des patriarches, le cloître et la cathédrale Saint-Jacques. Parfois je m'asseyais au soleil dans l'une de ses cours pour attendre Charly Effendi ou pour mon simple plaisir. J'aimais aussi aller à l'église des Arméniens, ses messes étaient merveilleusement solennelles et lourdes, lourdes comme le rideau qu'il fallait entrouvrir pour entrer dans la cathédrale, lourdes comme le vin arménien.

Le quartier arabe m'était le plus étranger. Là non plus on ne pouvait pas se promener pendant des heures sans embarras, mais son intimité ne provenait pas de sa taille. C'était le plus grand des quatre et donc le plus peuplé, le plus ordinaire, mais aussi le plus sombre, le plus labyrinthique, le moins aménagé. Une ville arabe dans la ville. Plus rapidement que dans le quartier chrétien, avec ses cloîtres, ses églises, ses auberges de pèlerins et les nombreux étrangers dans ses ruelles, s'instaurait, dans le quartier arabe, le sentiment de ne pas en faire partie, de déranger. Dans le quartier chrétien, le moindre recoin me devint bientôt familier.

Avec le quartier juif il en allait de nouveau autrement. Parce que les Arabes avaient détruit un grand nombre de maisons après 1948, beaucoup furent reconstruites, après 1967, en pierre traditionnelle de Jérusalem, mais les nouveaux murs étaient plus droits que les vieux, tout semblait plus clair et plus serein que dans les quartiers anciens de la ville. J'aimais le parcourir, et pas uniquement pour chercher ma fenêtre perdue. C'était une série de montées et de descentes, car le quartier juif s'élève en pente raide depuis le parvis du mur des Lamentations, enfoui profondément. Il était encore plus animé que le quartier chrétien, plus international, j'entendais souvent parler américain et tombais sans arrêt sur des écoles religieuses.

Devant l'une de ces *yéshivas*, toute petite, se trouvait un jeune homme en train de fumer. Avant l'étude de la Torah, il s'offrait une pause sur la terrasse de pierre bordant le bâtiment. À travers la porte ouverte derrière lui, je vis d'autres jeunes gens dans une pièce étroite, qui étudiaient leurs livres. Nous nous fîmes un signe de tête, il ne faisait pas partie de ceux qui se retiraient en eux, il arborait un visage ouvert et n'était pas non plus revêtu uniquement de noir. Je lui demandai d'où il était, je pensais qu'il s'agissait d'un de ces nombreux jeunes qui venaient passer un an ou quelques mois à Jérusalem pour étudier leur religion dans la ville de leurs ancêtres.

« Non, non, dit-il, je suis d'ici, je suis né ici. » Et en un tournemain nous étions arrivés aux grandes questions. Le sionisme, Jérusalem, le Temple. Il m'écouta puis se mit à rire tandis que je déballais mon savoir livresque, opposant le judaïsme de l'époque du Temple à celui de la Synagogue.

« Ce n'est pas ça ! interrompit-il. Le Temple a été détruit mais n'est jamais sorti de notre pensée. Nous avons toujours prié au Temple pendant notre long, long exil. Jérusalem était notre nostalgie, mais une nostalgie envers quoi ? Ce qui nous attirait tant à Jérusalem, pendant deux mille ans, au point que certains ne le supportaient pas et partaient, ce qui s'emparait si fort de nous, c'était quoi ? Une maison, un lopin de terre ? Non, c'était le Temple – c'était lui, notre nostalgie. »

Nous étions l'un à côté de l'autre et parlions au milieu des coupoles et des toits, dans le ciel flamboyant du soir. Je le regardai et vis qu'il brillait, lui aussi, ses yeux, son jeune visage. « Et cette nostalgie, poursuivit-il, que beaucoup tenaient pour une douloureuse illusion dans l'exil, quelque chose qu'il fallait abandonner, dont il fallait se détacher – elle s'est accomplie merveilleusement avec la création de l'État juif. Quel signe, dans quels temps vivons-nous ! Un miracle ! »

Il avait fini sa cigarette. Il l'écrasa. Je me taisais, que pouvais-je dire ? « Tu sais, dit-il avant de rentrer à l'intérieur, toutes ces idées sur la fondation de notre État, le bon vieux sionisme de mes grands-parents et le reste, je crois qu'il fallait qu'il en soit ainsi. Quelquefois il faut un chausse-pied pour aider à faire entrer. Mais maintenant, nous sommes dans nos chaussures et nous marchons, nous n'avons plus besoin de chausse-pied. Maintenant nous comprenons où nous sommes, ce qui s'est passé et ce que cela signifie. » À mi-chemin, il se retourna une nouvelle fois en souriant. « Un miracle, mon vieux, un miracle ! »

II

LA MAISON AU LAURIER-ROSE

LE VILLAGE GREC

Je m'étais acheté une veste exprès pour Jérusalem, bavaroise, avec des boutons de corne, et qui remplissait bien
son office. En quelques jours, le bazar avait repéré l'homme à
la veste bavaroise dans la foule qui se déversait vers ses desti-
nations. Il n'appartenait à aucun groupe et il ne disparaissait
pas après trois jours comme les autres. Au bout d'une semaine,
la veste continuait de parcourir Jérusalem, au bout d'un mois
également, et on avait cessé de me lorgner en me lançant
l'habituel « *Shopping, Sir, see my shop !* », les commerçants,
quand ils me voyaient venir, s'écriaient « *Grüss Gott !* », le
salut bavarois.

Même les grands virtuoses – les meilleurs s'adressaient aux
pèlerins en six ou sept langues, et presque sans accent – semblaient très contents de la petite distraction que mon apparition leur procurait. Et moi j'étais content de ne plus être
obligé de passer sous leurs fourches caudines. Je favorisai le
revirement en restant de temps à autre devant une boutique
pour parler du beau temps, des affaires, laissant échapper en
passant que j'habitais tout près. C'était vrai car j'avais démé-
nagé. Au bout de quelques semaines passées dans la tombe de
pierre, une relation m'avait procuré une petite maison en plein

quartier chrétien, dans le couvent grec orthodoxe « Agios Michail ».

La porte de bois à demi pourrie que je franchissais pour sortir, le matin, on pouvait fort bien passer devant elle sans y prêter attention, sans connaître. Elle ressemblait davantage à l'ouverture de quelque cave qu'à une porte donnant sur une petite ville dans la ville. Jusqu'en 1948, elle se fermait chaque soir pour ne se rouvrir que le lendemain matin, comme dans un cloître, me raconta un voisin. Au cours des siècles derniers, de nombreux pèlerins avaient vécu un temps dans ces couvents, auprès des chrétiens de Jérusalem. Tous les couvents étaient encore entourés d'un mur dont la porte était close, la nuit, pour se protéger des voleurs, des Bédouins et autres visiteurs indésirables.

Lorsque après la division de Jérusalem, en 1948, les réfugiés affluèrent de Jérusalem-Ouest dans le quartier chrétien et les couvents, le régime austère des portes se radoucit. Les gens voulaient pouvoir se rendre visite une fois l'obscurité tombée, ils obtinrent des clés, et on finit par laisser les portes ouvertes toute la nuit. La mienne donnait le sentiment d'être restée intouchée, sur ses gonds rouillés, et destinée à se briser, sur ses vieux jours, à la première tentative pour la pousser.

Il n'y avait pas besoin de la fermer pour écarter les étrangers. À quelqu'un d'assez curieux pour gravir les marches glissantes et se risquer sous la sombre voûte du tunnel qui se trouvait juste derrière, il suffisait de quelques pas pour s'effrayer au minimum de l'odeur, dans les ténèbres putrides où il se trouvait désormais, et on faisait alors demi-tour sans avoir vu ce qui se cachait derrière la gorge de pierre, dans une grande clarté – un village grec.

Deux dizaines de familles vivaient au sein du couvent Saint-Michel et certains avaient badigeonné leur maison du bleu qu'on trouve sur les îles grecques ; comme là-bas, les toits plats se paraient d'un maquis d'antennes, de réservoirs d'eau et de climatiseurs, et les sentiers à travers le village étaient parsemés de casseroles et de seaux dans lesquels des mimosas, des figues et des lis bleus s'étiraient au soleil, dans des trous de béton gros comme la paume de la main poussaient de petits citronniers.

Ma maison abritait un grand laurier-rose. Chaque matin, je trouvais un liseré jaunâtre devant ma porte, le vent de la nuit avait ébouriffé le bel arbuste vénéneux et rassemblé un tapis de graines à mes pieds. Dans quelles profondeurs s'enfonçait ce village. Le couvent tortueux ne s'arrêtait que sous les créneaux des remparts ottomans. Quelques-unes de ses maisonnettes possédaient de minuscules jardins dont certains étaient en ruine, l'ensemble étant relié par des marches et des escaliers, des couloirs, des passages. De même que tout Jérusalem est une coque aux multiples couches, mon couvent paisible comme un village l'était aussi, ses maisonnettes étaient non seulement serrées l'une contre l'autre mais elles se superposaient sur trois niveaux. Le tout était animé par Agios Michail.

La petite église était consacrée à l'archange, au centre du couvent qui était à l'origine un cloître. Un prêtre y avait vécu, autrefois, me racontèrent mes voisins, à présent l'église était d'ordinaire fermée, n'ouvrant que les jours de fête. Je m'étais imaginé une chapelle poussiéreuse et pauvre. Mais quand j'y pénétrai un jour, ayant trouvé la porte ouverte, je m'aperçus de mon erreur. La lumineuse clarté du soleil tombait sur l'éclat doré des icônes et nulle poussière n'y dansait. Tout était tenu aussi bien et aussi proprement que si l'archange était attendu dans son église à tout instant. J'avais sous-estimé la piété grecque, saint Michel possédait de loin la maison la plus belle, la plus splendide du couvent.

De nouveau les mondes les plus divers se côtoyaient. Le village grec jouxtait la Terre sainte romaine – et l'Orient l'Occident, Constantinople Rome. De nouveau je lisais sur les pierres. Tous les quelques pas, je m'immobilisais devant un grand rectangle poli, à force de passage, sur lequel, quelques générations auparavant, un habitant du couvent avait gravé son nom grec. À ma porte il y en avait un aussi, mais avec une inscription en arabe – le propriétaire avait trouvé une épouse dans une localité chrétienne, à l'ouest du Jourdain.

Même en fermant les yeux, j'étais toujours dans un village grec. Quelque part un enfant poussait des cris de joie. Les pigeons roucoulaient. L'un des nombreux chats descendait d'une ruine, implorant sa nourriture. Un téléphone résonnait, un son à l'ancienne, comme s'il était l'unique appareil du village, personne ne décrochait, comme si celui qu'on appelait, que j'imaginais être le médecin du village, venait d'entrer au *kafenion* pour discuter avec quelques vieux. Le matin, en traversant le couvent, je croisais des vieilles femmes, petites, tout en noir, comme sur les îles de la mer Égée, et je répondais à leur « *kalimera !* ».

Je parcourus de nombreux couvents, romains, arméniens, byzantins, y compris des petites églises, après avoir franchi des cours arabes et juives – qui se ressemblaient tous. Chacun une petite Jérusalem en soi, chrétienne, arabe ou juive en miniature. On disait que mon couvent remontait à l'époque des croisades. La protection qu'offraient ces cours abritées n'avait cessé d'attirer de nouvelles vagues de compatriotes et de coreligionnaires, et en dernier lieu – il y a une centaine d'années – des Grecs et des Arméniens. Quand les Jeunes-Turcs eurent à cœur de fondre en une seule nation l'empire des sultans aux peuples multiples, ils n'assassinèrent pas seulement les Arméniens chrétiens, ils persécutèrent aussi les Grecs qui vivaient dans les villes côtières de l'Empire ottoman. Beaucoup s'enfuirent en Grèce, d'autres à Jérusalem, comme leurs compagnons de destinée arméniens. Les uns et les autres bénéficiaient là de liens anciens, certaines familles grecques ou arméniennes avaient des parents à Jérusalem.

Même sur moi, qui n'étais persécuté par personne, la puissance protectrice du couvent agissait. Certains jours, j'éprouvais du plaisir à disparaître tout à coup, d'un pas de côté, de la rue dans le sombre trou du portail, tel un esprit, sans laisser de trace. Et quand je rentrais la nuit, je sentais que je pénétrais dans un autre air, un autre silence. Dehors ils pouvaient se guetter et se battre, à l'intérieur j'étais en sécurité, à l'abri des murs qui m'entouraient, qui en avaient protégés bien d'autres.

Et lorsque résonnait l'appel à la prière au plus profond des ténèbres, je n'étais plus aussi exposé que dans la chambre de pierre. Maintenant je me trouvais au plus profond de la coque, de la ville que j'avais vue les premiers temps, de ma fenêtre, ployer sous le hurlement. Un grand nuage nocturne passait au-dessus de moi, un vent dans les hauteurs.

EN ATTENDANT MRS NORA

J'attendais une dame qui serait malheureusement en retard, me fit-elle savoir au téléphone. Je l'attendais dans une boutique, à proximité de mon couvent, qui n'était pas un magasin ordinaire de Jérusalem car bien trop cher pour cela. De l'artisanat de Bethléem, des vêtements artistiquement tricotés en style traditionnel étaient vendus à des prix supposant une clientèle avertie et solvable.

Et Mrs Nora, que j'attendais, n'était pas une habitante ordinaire de Jérusalem, ça se voyait au premier coup d'œil, elle était habillée trop luxueusement pour cela. Elle ne serait jamais sortie de chez elle sans être parfaitement vêtue, maquillée et coiffée. Dans une ville de foulards et de voiles, elle ne passait pas inaperçue. Quand elle arrivait quelque part, tout le monde la regardait. Je l'avais rencontrée au cours d'une soirée, c'était Charly Effendi qui me l'avait présentée. Lui-même et ses amis l'entouraient comme des garçons la plus belle fille, au bal de l'école. Mais elle s'était éloignée de la jeunesse d'un certain nombre de décennies.

J'avais plaisir à observer des hommes comme lui, quand ils la rencontraient ou qu'ils parlaient d'elle. Leur voix se posait deux tons plus haut que d'habitude, et prenait un timbre que je n'aurais jamais soupçonné chez ces vieux barbons. En bref, Nora était davantage en harmonie avec Londres ou Paris qu'avec les souks de Jérusalem – ou plutôt avec New York, car elle possédait aussi une maison en Amérique et vivait alternativement ici et là-bas. On n'imaginait pas rencontrer quelqu'un de ce genre, à Jérusalem, en tout cas pas dans la vieille ville, cela faisait partie de l'effet qu'elle produisait et elle le savait.

L'ici et le là-bas étaient en elle, aussi. Un jour que nous évoquions l'Amérique, elle s'agaça du féminisme occidental. « Je me considère moi-même comme une féministe, il y a beaucoup de choses bien dans ce qu'on fait en Amérique et en Europe, toute la vie sociale, conviviale, autour des églises – mais quand je suis devant l'autel et qu'une femme pasteur enceinte ou une autre à talons hauts partage l'hostie, ne riez pas, j'ai connu ça, je ne le supporte pas ! Je n'en veux pas ! Le rituel doit conserver sa gravité, sa pureté et sa dignité, ce n'est pas une fête quelconque ni une association. Nous sommes l'Église chrétienne la plus ancienne, on ne plaisante pas avec ça. »

Le rituel doit rester pur, elle parlait comme une aristocrate française ou italienne d'une vieille famille catholique. C'était un peu ça mais elle venait d'une famille grecque orthodoxe de Jérusalem qui avait été riche autrefois. Tous ceux que je connaissais l'appelaient Nora et elle ne manquait pas d'idées. Elle avait fondé un musée pour conserver la mémoire de la Jérusalem de sa jeunesse et ce magasin où je l'attendais, pour mettre en rapport les femmes des localités chrétiennes de la rive occidentale du Jourdain, qui coupaient et brodaient les motifs sophistiqués des costumes traditionnels, avec une clientèle traditionnelle prête à payer des prix nettement supérieurs

aux copies bon marché du bazar. Nora sillonnait inlassable-
ment la ville pour défendre ses nombreuses idées, il n'était pas
étonnant qu'elle soit quelquefois en retard.

La patronne de la boutique me servit une pâtisserie et du
café, faisant de son mieux pour me distraire. Quand je lui dis
où j'habitais, elle se réjouit. « Quoi, Agios Michail ? C'est là
que vit mon amie, qui travaille également ici, elle ne va pas
tarder. » Cette discussion légère dura peu de temps car elle en
arriva bientôt à son thème de prédilection – sa fille en Amérique, qui était médecin. Là-bas elle avait trouvé le bonheur,
Dieu merci, elle-même avait beaucoup prié pour qu'il en soit
ainsi. Les débuts avaient été difficiles, on ne donnait à sa fille
que des tâches rudimentaires dans la clinique d'Atlanta où elle
travaillait, jusqu'au jour où on avait amené ce patient irakien.
« Il était gravement atteint, dans un état critique, il aurait pu
mourir parce que ses parents ne pouvaient pas expliquer ce
qui s'était passé aux médecins, ils ne parlaient qu'arabe, une
langue que personne ne comprenait, à la clinique. » L'heure
de sa fille avait sonné. Elle qui, en dehors de l'anglais et de l'hébreu, parlait naturellement l'arabe de Jérusalem, avait sauvé le
jeune homme, et la situation. On l'avait félicitée et promue,
maintenant tout allait bien pour elle, à la clinique comme en
Amérique. « Rendez-vous compte, ma fille dirige un service,
maintenant. Et imaginez, la mère du jeune Irakien lui a fait
cadeau d'un bracelet en or massif parce qu'elle a sauvé la vie
de son fils. »

Elle rayonnait de bonheur et de fierté, soudain elle sou-
pira – sa fille unique, qui avait dû partir si loin. « L'Amérique !
C'est dur pour moi, mais pour elle, c'est mieux. Dans nos
familles, les jeunes qui sont doués s'en vont. Ceux qui restent

sont serveurs dans un hôtel de pèlerins, c'est l'échelon le plus haut que nos jeunes peuvent espérer atteindre. Que serait-elle devenue ici, elle, fille d'une famille palestinienne chrétienne – serveuse ? » Le téléphone sonna. Nora faisait savoir qu'elle ne pourrait pas venir aujourd'hui et il fallut prendre rendez-vous pour une autre fois.

Le Golgotha à sept heures du matin

J'habitais près de l'église du Saint-Sépulcre à présent. Quand je prenais à gauche, en sortant de mon couvent, j'y étais en quelques minutes. La façon dont je ressentais le voisinage du Golgotha et du tombeau, cette proximité pour ainsi dire villageoise, dépendait du moment de la journée.

Dès que le soleil du matin s'élevait dans le ciel, que l'agitation quotidienne reprenait son cours, et l'afflux de groupes du monde entier sur le parvis de l'église du Saint-Sépulcre, je cherchais un endroit où il fasse chaud. Je m'asseyais de préférence sur la marche supérieure de l'escalier de pierre, près du portail, et j'observais l'animation – les guides se donnaient bien du mal, brandissant des fanions et de petits drapeaux ou une chose de couleur fixée à un bâton, pour rassembler autour de ces signes leurs troupeaux venus de Séoul, de Piacenza ou de Boston, les conduire à l'intérieur de l'église du Saint-Sépulcre, pleine à craquer dès le matin. Une fois que le soleil m'avait réchauffé, je poursuivais mon chemin. Je n'y entrais pas, j'avais essayé mais ce déferlement envahissant était trop pour moi, je ne voyais, n'entendais et ne percevais plus que la bousculade.

Venir à l'aube, c'était tout autre chose. Je descendais la St Francis Street déserte, bifurquais dans la paisible Christian

Quarter Street, tous les rideaux de fer étaient encore baissés, avant de passer devant la mosquée du calife Omar et d'entrer dans l'obscurité équinoxiale de l'église. Quelque part, des pas derrière les puissantes colonnes. Un chant lointain. Là un moine attardé, en chemin vers la première messe. D'un coup j'avais des oreilles pour entendre et des yeux pour voir.

La basilique était nue, nullement belle. Éclairée faiblement, à vrai dire pas du tout. Que des bougies, hautes comme deux fois un homme, devant le sépulcre, des candélabres suspendus au-dessus du Golgotha. Ces lumières étaient au service du culte et non faites pour voir les Lieux saints. Rien n'était pensé pour produire un effet, les moines encore moins que le reste. Je découvris la signification des mots « service religieux ». Ils pourvoyaient au service, les serviteurs requis en ce lieu.

Les Grecs gardaient le sépulcre et célébraient leur messe tous les soirs vers onze heures, chaque après-midi à quatre heures, les franciscains marchaient en procession à travers l'église et ils célébraient leur messe à sept heures du matin. Tout cela se passait dans une gravité doublement millénaire, sans se soucier de savoir si des fidèles se joindraient à eux ou non. C'était ce qui devait se faire, qu'il y ait beaucoup ou peu de participants. Il en avait toujours été ainsi, il en serait toujours ainsi. Un service non pour ceux qui venaient du monde entier mais pour Celui pour qui ils venaient tous.

Une basilique nue, nullement belle, tout comme la dizaine de barrières de police usées, serrées les unes contre les autres, près du tombeau du Christ. Chaque jour, lorsque l'afflux de pèlerins commençait, des moines grecs tiraient sans ménagement les barrières sur le sol de pierre et les disposaient de façon à créer une ruelle pour canaliser les foules jusqu'au tombeau. Et quelle improvisation, quelle confusion, quel chaos en maints endroits. Rien n'était parfait dans l'église du Saint-Sépulcre, ni même pittoresque.

De l'extérieur, déjà, elle offrait un spectacle déroutant. Les pèlerins qui arrivaient sur le parvis et qui la voyaient pour la première fois arboraient souvent une expression de désarroi. Venus de très loin, ils s'attendaient à être submergés, mais l'église du Saint-Sépulcre ne faisait rien pour les submerger. Quand on était familier de la splendeur des grandes cathédrales et des dômes, quand on venait de Rome, de Mexico ou de Moscou, on devait être déçu, à première vue. Pas de maître d'œuvre ici ni de prince de la Renaissance pour mettre en scène, aucune colonnade pour former une haie d'honneur, aucune perspective centrale pour prendre l'étranger par la main, ni d'or éclatant pour l'aveugler. L'église du Saint-Sépulcre ne se mettait pas en avant, non. Elle se tenait en retrait. On approchait d'elle comme on approchait d'une personne vénérée qui se détournait, concentrée sur autre chose – un peu timide, à l'écart.

On pénétrait dans l'église de l'empereur Constantin par l'avant, directement depuis le chemin de croix, mais tout au long des millénaires, elle s'était agglutinée à la ville, tous les chemins avaient été déviés et l'église du Saint-Sépulcre elle-même était devenue un labyrinthe rocheux de sous-églises et de chapelles. Elle ne pouvait pas se percevoir comme un tout, il n'existait aucun point d'où l'embrasser entièrement du regard. Si on voulait l'approcher, on ne pouvait le faire que latéralement – par un porche, c'est-à-dire par l'entrée latérale sud. En voyant cette porte garnie de ferrures et pourrie par les âges, je pensais aux portes des granges de mon enfance, ternies par les intempéries. Son clocher ne s'élevait pas, élancé et fier, vers le ciel, il était d'une forme étrangement cabossée et trapue, et ressemblait dans sa masse à la tour d'une église fortifiée de campagne qu'un ennemi ou un incendie aurait privée de sa pointe. D'ailleurs un incendie avait effectivement raccourci la tour.

À l'intérieur, la perplexité se prolongeait. L'église du Saint-Sépulcre n'était pas plus une église normale, facile à appréhender avec sa nef centrale et ses nefs latérales, une abside et un autel, que Jérusalem n'était une ville normale, facile à appréhender – bien plutôt une superposition confuse de couches, d'époques, d'espaces qui tous se succédaient. Une église rocheuse, bâtie sur une roche, celle du Golgotha. Des marches s'enfonçaient dans la profondeur de la pierre.

Au commencement se trouvait le vœu pieux de rassembler en un bâtiment unique l'entière topographie de la Passion, les lieux de la Crucifixion, du tombeau et de la Résurrection, tout ce qui s'était produit entre le Vendredi saint et le lundi de Pâques et de le couvrir d'une voûte – c'était l'église primitive. Mais les lieux de la Passion et de la Résurrection n'existaient plus lorsque l'empereur Constantin et sa mère, Hélène, s'y rendirent, autour de l'an 330, pour construire l'église du Saint-Sépulcre au-dessus. Quand ils avaient détruit Jérusalem en l'an 70, les Romains n'avaient pas seulement rasé le Temple juif et tout ce qui était juif, ils avaient aussi tout fait pour éteindre une mémoire chrétienne récente, encore portée par des témoins vivants. Ils avaient enseveli le Golgotha et le tombeau sous un temple de Vénus nouvellement érigé. Qui demeura pendant deux cent cinquante ans.

Hélène, une femme d'une simplicité réelle convertie au christianisme et, de servante d'auberge, devenue mère d'empereur, convainquit son fils Constantin, qui s'était fait lui aussi baptisé, de mettre fin au scandale païen de la Jérusalem chrétienne, de détruire le temple de Vénus et d'exhumer les Lieux saints. Bien qu'âgée, elle accomplit un pèlerinage à la fin des années 320 et retrouva, rapporte-t-on, avec l'aide de l'évêque de Jérusalem et des récits locaux, la croix sur laquelle Jésus avait été cloué.

En mille sept cents ans, destructions, tremblements de terre, incendies et démolitions modifièrent maintes fois la forme de l'édifice de Constantin, mais celui-ci est resté jusqu'à nos jours ce qu'il avait toujours été : église du Saint-Sépulcre, église de la Crucifixion, église de la Résurrection, le tout en un, l'église totale. Il y a tout en lui.

Les traces, aussi, de ceux qui avaient consacré leur vie à leur venue ici. Dans le silence de l'orée du jour, je pouvais observer sans être dérangé les petites croix sur les murs. Il devait y en avoir des centaines, en rangs serrés, de véritables champs de croix. Croix latines, arméniennes, grecques, ciselées par des pèlerins il y a des centaines ou un millier d'années. Je découvris deux blasons, l'un avec une tête de bélier, l'autre avec un oiseau. Deux croisés amis, peut-être, les avaient gravés sur ce mur l'un près de l'autre il y a bientôt mille ans. De fait, les franciscains conservaient l'épée de Godefroy de Bouillon, premier roi de Jérusalem, dans leur sacristie – car l'église du Saint-Sépulcre avait été autrefois l'église du couronnement et la sépulture des malheureux rois du royaume des croisés.

Quand je demandai au frère Paul, le franciscain à qui je rendais parfois visite, en Terre sainte, si je pouvais voir l'épée du roi Godefroy, il me dit qu'elle était actuellement exposée à Paris et qu'elle ne reviendrait pas dans la sacristie mais dans un musée de la custodie de « Terra Santa ». J'avais l'impression que les franciscains n'étaient pas mécontents d'être débarrassés de l'épée du roi des croisés.

Une épée convient mal à un ordre dont le fondateur prêchait une pauvreté librement consentie et un amour allant jusqu'à l'abandon de soi, et qui vécut ainsi, lui qui, en Italie, parlait avec les oiseaux et rencontra, en 1219, le sultan d'Égypte. François ne parvint à convertir le musulman ni à la chrétienté ni à la paix, mais il l'impressionna tant que le sultan – pourtant neveu du grand Saladin qui avait conquis la Jérusalem chrétienne trente ans auparavant et vaincu le royaume des croisés de façon décisive – autorisa le moine pèlerin à poursuivre son voyage jusqu'à Jérusalem. En pleine cinquième croisade, en pleine guerre entre l'Orient et l'Occident. François avait sans doute le don d'attendrir les pierres, et d'après le témoignage de ses contemporains, tel était bien le cas.

Depuis, ses franciscains furent presque sans interruption présents à Jérusalem, en tant qu'ordre et en tant que gardiens des Lieux saints investis par Rome. La liste des gardiens – des protecteurs franciscains des Lieux saints et des supérieurs de leurs cloîtres et de leurs églises – est longue de huit cents ans et de cent soixante-seize noms, le premier d'entre eux étant François d'Assise.

Un soir, je fus le témoin involontaire d'une discussion au café autrichien. J'y allais quand c'en était trop, quand je devais me reposer de Jérusalem. Mais ce soir-là Jérusalem ne le permit pas – ou plutôt la dame de la table voisine. Elle s'emportait contre la bêtise pieuse ou la piété bête des pèlerins, surtout des femmes, à propos de la pierre de l'Onction. « Dès que tu entres par le porche, il y a une pierre, elles s'agenouillent et frottent la pierre avec de l'eau de rose et un truc quelconque et là – cela lui donnait visiblement la nausée – elles embrassent la pierre ! » Elle les imitait, envoyant cinq baisers en l'air. Si chacun embrassait la pierre ainsi ointe, quelle source, quel foyer de bactéries, tripotée par des centaines de milliers de mains, effleurée par des millions de lèvres, sans parler de toute la salive que recevait la pierre en un jour, un non-sens pour l'hygiène. La dame commanda un thé à la menthe. Elle avait lu dans un magazine que la menthe poivrée contenait un désinfectant. Elle n'avait évidemment pas embrassé la pierre, mais on ne sait jamais.

C'était devant cette pierre que je me tenais à présent. La première chose qu'on trouvait en entrant par la porte de la « grange ». Bientôt elle serait de nouveau assiégée par des femmes pèlerins, russes pour la plupart, qui s'agenouillaient, l'enduisaient d'huile odorante jusqu'à ce qu'elle brille d'un éclat humide, puis sortaient des tissus pour en recueillir un peu de sainteté, la tamponner et l'emporter chez elles. Là elles faisaient cadeau à leur famille, à leurs amis, de ces tissus imbibés de la Passion, ainsi qu'aux voisins malades. Oui, elles embrassaient la pierre avec ferveur. Car, d'après la Tradition, le Crucifié fut couché sur cette pierre plate de la taille d'un homme, après la déposition de la Croix, afin d'enlever les clous de ses mains et de ses pieds et de laver son linceul sur la pierre.

Je m'enfonçai plus profondément au cœur, tout restait nu, la nudité atteignait même jusqu'à la ruine. Sous la coupole que l'empereur Constantin avait érigée la première, que des pigeons traversaient maintenant de leur vol, dans le cercle des colonnes puissantes portant cette coupole, se trouvait, émouvante et fragile, la raison de l'édifice deux fois millénaire, des pèlerinages, des combats, l'origine et la destination de la chrétienté, une petite église noirâtre, comme exhumée de terre – l'authentique chapelle du Saint-Sépulcre. Une charpente métallique la maintenait et on pouvait craindre que sans cette aide elle ne s'effondre, tant ses murs étaient sur le point d'éclater.

Il était donc là, le reliquaire, le saint des saints, qui contenait le secret de la foi de plus d'un milliard d'êtres humains, le principe de l'Église universelle – le tombeau vide. *Non est hic.* Ce « pas ici » valait depuis longtemps, aussi, pour la chapelle décrépite au-dessus du tombeau. Seul son corset d'acier l'empêchait de s'effondrer.

Une queue impatiente s'enroulait autour de la chapelle, du matin au soir des foules du monde entier attendaient pour aller prier au tombeau. Moi aussi, je passai la porte basse qui forçait chacun à baisser la tête, et celle encore plus basse qui m'obligea à plier les genoux. Puis je m'assis sur le banc en face de la chapelle, j'aimais y rester à l'orée du jour, quand la basilique était encore vide. Ou tard, quand elle se vidait.

LE MOINE

Existe-t-il une chose, à Jérusalem, qui n'ait pas d'histoire digne d'être racontée ? Un homme, une maison, une pierre ? Même mon banc insignifiant dans la pénombre de l'église du Saint-Sépulcre en avait une, un moine auquel je rendais parfois visite dans son cloître me la raconta, un jeune bénédictin. « Le banc était si vermoulu qu'il était sur le point de rompre, les franciscains du Saint-Sépulcre le firent restaurer par un menuisier et le remirent en place, face à l'entrée du tombeau. Là-dessus arrivèrent les Grecs. "Qu'avez-vous fait du banc, vous ne voulez quand même pas l'avoir pour vous tout seuls ?" »

La restauration du banc vermoulu était un forfait délicat perpétré contre le « *statu quo* ». Ainsi se nommait la règle qu'un sultan du XIXᵉ siècle avait imposée aux chrétiens de l'église du Saint-Sépulcre, souvent en rivalité les uns avec les autres, parce qu'il en avait assez de les voir se quereller. Le sultan avait arrêté le temps et décidé : tout, dans l'église du Saint-Sépulcre, demeurera tel qu'en l'année 1852. Aucune confession n'avait jamais reconnu la parole forte du sultan, mais toutes maintenaient laborieusement son *statu quo*, et ainsi le « tout demeurera tel quel » a-t-il survécu à l'Empire ottoman disparu depuis cent ans. Aucune partie n'a voulu mettre fin à cet arrêt, de peur qu'un nouveau traité n'empire les choses. Et les Grecs encore moins : en tant que sujets du sultan, ils étaient privilégiés, dans le *statu quo*, par rapport aux autres. Ils étaient les gardiens de la chapelle du Saint-Sépulcre et avaient la nef centrale pour église. Tous les autres, catholiques, Arméniens, Syriens, coptes, Éthiopiens, devaient se partager les chapelles latérales.

Dans l'église du Saint-Sépulcre, tout est méticuleusement réglé par le *statu quo*. À quel moment sont célébrées les messes, par qui, où, et les chants, les déplacements dans l'église, la prière au Golgotha, l'entrée du tombeau, l'ouverture et la fermeture de la porte, l'allumage des bougies et des candélabres, tout ce qu'il est possible de faire. Aucune confession n'est autorisée à changer quoi que ce soit à cette situation, pas d'un iota. Il n'est pas étonnant que dans les interstices prolifèrent de grandes et petites absurdités. L'échelle devenue grise au fil du temps, par exemple, appuyée à mi-hauteur de la façade, au-dessus du porche de l'église, quelqu'un l'y a posée il y a bientôt cent ans et personne n'a le droit de l'enlever. Il faut le savoir pour la voir. Si on l'ignore, on ne voit sur le parvis qu'une vieille échelle oubliée là-haut et on n'y pense plus.

Après cette explication, le moine reprit l'histoire du banc, car les Grecs n'en étaient pas restés à leur méfiance. « Ils sont venus avec une latte de bois clair et l'ont clouée sur le bois sombre du banc joliment rénové. Quand les Arméniens ont vu ça, ils sont arrivés et ont demandé : "Qu'est-ce que vous faites là ? Les catholiques et les Grecs mijoteraient-ils quelque chose en dehors de nous ?" Et ils clouèrent eux aussi une latte sur le banc. On ne voit pas tout de suite la latte arménienne, il faut se retourner après s'être assis, car ils l'ont clouée à l'arrière. Mais on voit la grecque, qui est clouée à l'avant. »

Tous négociaient d'une façon folle et pourtant raisonnable, selon la logique du *statu quo*. Les Grecs fixèrent la latte au banc pour montrer qu'ils avaient eux aussi fait quelque chose, qu'ils étaient à égalité avec les franciscains, qu'ils avaient eux aussi pris part à la restauration du banc, de même pour les Arméniens. Car le *statu quo* dit ainsi : celui qui introduit une nouveauté trois fois sans être contesté peut faire ainsi à jamais, il en acquiert le droit coutumier. « De cette façon, poursuivit le moine, les Grecs ont conquis un jour le droit de s'occuper d'une certaine lumière dans le secteur catholique. Les Grecs l'avaient fait trois fois et nos frères avaient trois fois oublié. »

Je lui rendis encore souvent visite. Tant de choses m'envahissaient, bruissaient en moi, que j'avais besoin de lui en parler devant un café ou un chocolat, il était à Jérusalem depuis beaucoup plus longtemps que moi et connaissait beaucoup mieux la ville. Il venait du sud de l'Allemagne, d'un milieu artistique. Il n'avait pas reçu l'état de moine au berceau, ni par sa famille ni par tradition. Il n'avait pas suivi de pente naturelle, n'y avait pas été poussé non plus, il avait pris une décision. C'était ce que j'aimais, chez lui, il n'était pas tiède – ni comme moine ni comme être humain. Pieux mais pas bigot. Un homme profondément croyant qui croyait cependant ce qu'il voyait. Quelqu'un qui regardait le monde avec attention et disait des choses comme : « Les Séfarades ont les plus belles femmes. » Un jour, nous parlions de ses débuts à Jérusalem. « La deuxième Intifada, la révolte palestinienne, fut paradoxalement une belle époque, racontait-il. J'étais un jeune moine et, à mon arrivée, je trouvai une ville entièrement vide, le bazar, vide, les églises, vides, même l'église du Saint-Sépulcre qui foisonne maintenant de touristes et de pèlerins – vide. Autrefois nous remarquions tous combien nous autres chrétiens étions peu nombreux, à Jérusalem. Il n'y avait guère que quelques aventuriers intrépides pour oser s'aventurer ici avec leur sac à dos pendant l'Intifada. Près de moi, un bus a explosé. Une telle explosion était possible partout, à chaque instant. À l'époque, nous nous rendions souvent visite entre catholiques, Grecs et Arméniens, tout à coup nous avions du temps, nous n'étions pas débordés du matin au soir par les pèlerins. Nous nous rendions compte que nous étions ensemble, les relations entre les confessions ont changé, depuis, elles sont devenues plus amicales. »

J'avais remarqué, lui dis-je, que les moines de l'église du Saint-Sépulcre étaient presque tous d'une stature imposante – un hasard ? Mes soupçons le firent rire. « Oui, je sais, on raconte toujours volontiers des histoires de bagarres entre les moines de cette église, mais la dernière remonte à bien longtemps. Les Grecs faisaient une grande procession avec leur patriarche, ils sont venus devant notre chapelle et le patriarche a dit aux franciscains rassemblés qu'ils devaient fermer la porte de la chapelle. Ceux-ci refusèrent en s'appuyant sur le *statu quo*. Et le patriarche fit battre leurs gens.

– Et les franciscains ?

– Les franciscains se défendirent.

– Le patriarche grec, c'est celui qui a été destitué ?

– Celui-là, précisément.

– C'est vrai qu'avant, le gardien romain lavait les pieds de tout pèlerin qui venait à Jérusalem ?

– Oui, mais au Moyen Âge, évidemment, en comparaison d'aujourd'hui, peu de monde parvenait jusqu'à la Ville sainte. Maintenant ce serait impossible, ils sont des millions. »

Je lui demandai si cet afflux n'était pas excessif, parfois. « Pour moi un pèlerin n'est jamais de trop, mais ceux qui viennent aujourd'hui ne sont pas tous des pèlerins. Des bateaux de croisière font halte sur la côte, on transporte leurs passagers en car jusqu'ici. Un jour, un touriste m'a demandé s'il y avait une fête médiévale. Il me voyait en habit de l'ordre et, en rencontrant un moine à Jérusalem, voilà à quoi il pensait – à une fête médiévale. »

La scène avait dû se dérouler à proximité du cloître car il n'allait plus en ville en habit de l'ordre. Presque aucun moine ne le faisait, désormais, ils avaient disparu de la vie quotidienne de la Ville sainte. Les quelques religieux que je connaissais, que je rencontrais au cours de mes promenades, allaient presque tous sans l'habit, ils étaient vêtus normalement. Trop souvent des ultra-orthodoxes leur avaient craché dessus, c'était même devenu un sport pour certains. « Ils considèrent notre présence à Jérusalem comme sacrilège, comme un acte païen, dit le bénédictin, alors que nous sommes ici depuis bien plus longtemps qu'eux. »

Il allait souvent à Tel-Aviv, où il y avait une communauté dont il s'occupait, il était tentant de comparer des lieux si différents. « Israël est un pays de start-up et Jérusalem, une maison des pauvres. Ceux qui sont jeunes et qui veulent gagner de l'argent s'en vont. Beaucoup d'Israéliens détestent Jérusalem, certains n'y sont jamais allés. L'air est différent, ici. Tel-Aviv est la San Francisco israélienne. Festive. Gay. Gagner de l'argent, en dépenser. Ici, c'est plus strict, plus noir. Avant il y avait un quartier pour les sorties, à Jérusalem, mais il n'en reste plus grand-chose. Ce sont les ultra-orthodoxes et les Arabes qui imprègnent la ville aujourd'hui, et de plus en plus car ce sont eux qui ont beaucoup d'enfants. »

J'avais envie de rire. Ce que lui, un moine, disait s'accordait parfaitement au chant plaintif de Charly Effendi, il ne manquait plus que le refrain : « *There's no joy in this city.* » Il haussa les épaules. « Ce sont de simples expériences, finalement je vis ici depuis de nombreuses années. Je suis moine et ça me plaît, mais cela ne veut pas dire que je ne vois pas ce qui se passe en dehors du cloître. Cela devrait-il m'être indifférent que la jeunesse, surtout chrétienne, parte à l'étranger parce qu'elle n'a aucune perspective de vie décente à Jérusalem ? »

LA BONNE VIEILLE BOHÈME

P arfois j'entendais Charly Effendi et ses amis parler rêveu-
sement du temps où Jérusalem était une *joyful city*, où
c'était un plaisir de vivre ici. J'en vins bientôt à connaître
les visages de ces hommes et de ces rares femmes, c'étaient
souvent les mêmes qui se retrouvaient à un concert ou à une
conférence de l'American Colony Hotel, un bâtiment élégant
à l'architecture orientale, ou à quelque endroit où on pouvait
déplorer tranquillement le temps passé. L'Orient, telle était la
formule magique qui appelait un sourire connaisseur, mélan-
colique. Ainsi se nommait le rêve, la douleur, la perte.

Alors se réveillaient les histoires de l'époque turbulente de
Jérusalem, les débauches des années 1920, les nuits sans sommeil de la bohème musulmane, chrétienne et juive. Si on se
représente la Jérusalem d'aujourd'hui comme une personne
âgée austère, tout de noir vêtue, la brève époque entre la chute
de l'Empire ottoman et la fin du mandat britannique en fut la
jeunesse follement romantique.

Des noms étaient lancés, arabes, grecs, hébreux, les noms de
chanteuses et danseuses autrefois célébrées, de poètes autrefois aimés, de musiciens populaires dans tout l'Orient. Depuis
ces métropoles, Damas, Beyrouth, Le Caire, Alexandrie, ils

étaient venus à Jérusalem, s'y étaient produits en tournée. Et ces noms, ces héros d'une liberté brève, entre les guerres, dont on se souvenait en souriant lors de telles soirées, ne me disaient rien. Jusqu'à ce que je voie une photo – le portrait d'un jeune homme incroyablement beau.

Un visage comme sur une affiche de film des années 1920. Un jeune Oriental aux yeux sombres en amande sur un visage clair et régulier, lisse, où aucune souffrance, aucune lutte n'avait encore laissé de trace. La moustache légèrement arquée, signe de virilité, en était encore au duvet et semblait comme collée à sa figure. Le jeune homme était habillé à l'arabe, keffieh, sarouel, *gumbaz* – le foulard, tenu par un cordon noir, le pantalon de cotonnade blanche du Levant et le manteau ouvert que le cheikh des Bédouins et les autres patriarches portent toujours aujourd'hui. De ses manches dépassaient des manchettes amidonnées d'un blanc immaculé.

Ainsi posait le jeune Hiérosolymite devant son photographe, fixant droit l'objectif – le regard éveillé et plein d'espérance de la jeunesse me considérait – en jouant de l'oud. Ce luth arabe à cinq cordes doubles et à manche court était traditionnellement pincé avec une plume d'aigle. Il tenait celle-ci dans sa main droite, entre le petit doigt et l'annulaire, comme une jeune fille sa guimpe de soie sur le tableau d'un maître flamand.

Wasif Jawhariyyeh, tel était son nom. Sa jeunesse se déroulait au crépuscule de l'Empire ottoman, la poigne dure des seigneurs turcs se desserrait et dans les parties arabes du royaume fleurissaient des espoirs de liberté, jusqu'en Syrie et en Palestine. C'est dans cette atmosphère que Wasif devint la star de la vie nocturne de Jérusalem. Il venait d'une famille arabe chrétienne respectable. Elle ne faisait pas partie de l'élite ni de l'aristocratie mais le père était le *mukhtar*, le chef des chrétiens orthodoxes arabes de Jérusalem, et siégeait au conseil municipal. Son fils Wasif avait du charme, du talent, et la chance d'être sous la protection d'une grande famille ancienne. Et il écrivait.

Il ne traversa pas ces années turbulentes en somnambule, il fut assez éveillé pour regarder, et laissa une liasse d'histoires, de souvenirs, de réflexions – à travers lesquels le temps passé s'adressait à ceux qui en déploraient la perte, mais aussi à moi. Les pierres de Jérusalem n'oubliaient pas. Nombre de maisons et d'endroits où Wasif avait joué de l'oud, avait vécu et rêvé ses jours et ses nuits, existaient encore. Seule la vie qu'il racontait dans ses histoires n'existait plus.

« En ce temps-là, ainsi commençait l'une de ses miniatures, il était habituel, parmi les amis et voisins musulmans, quel que soit le quartier de Jérusalem, de louer un petit appartement dans la vieille ville, une ou deux pièces, pour donner de longues fêtes, le soir, surtout en hiver. Ces appartements de célibataires, on les appelait *oda*, la chambre. Quand un musicien ou un chanteur arrivait en ville, on l'invitait dans son *oda* pour faire la fête avec des amis. On jouait aux cartes ou aux dames, aux dominos, au backgammon et à l'*adrali*, ou on écoutait un bon lecteur lire un passage des *Mille et Une Nuits* ou d'autres récits. Certains louaient ces appartements pour des nuits d'amour avec des prostituées. Mais la plupart appartenaient à des gens respectables, comme dans le quartier de Cheikh Jarrah, que fréquentaient les citoyens et les intellectuels les plus nobles de Jérusalem. »

On ne s'en tenait cependant pas à une stricte séparation des sphères, ainsi que le montre un autre souvenir. « Mon ami et professeur d'oud Hamada al-Affi fut le premier qui m'apprit à jouer du luth. J'étais très jeune et je brûlais d'être partout où l'oncle Abu Fouad, comme je l'appelais, allait. Il me supportait plutôt bien, Dieu le bénisse, il m'emmenait et me présentait ses meilleurs amis. À l'occasion d'une fête, il me dit : "Prends ton oud, Wasif, nous avons une longue soirée en perspective. Il se peut que nous passions toute la nuit à Mishkenot, le quartier juif, dans la maison de notre amie Rena." Je connaissais bien Rena et je me souviens – c'était un samedi soir. J'emportai mon oud et je pris congé de ma mère, elle me donna mes affaires pour la nuit et une robe de chambre, convaincue que nous allions passer quelques jours dans notre maison de campagne, à Deir Amr. Je lui baisai la main et partis. Lorsque nous arrivâmes chez la chère Rena, sa maison était pleine à craquer. La plupart des invités étaient juifs, il y avait d'autres jeunes femmes du voisinage aussi. Nous avons accordé nos ouds, joué tout ce que nous avions envie de jouer, levé nos verres à la santé de Rena puis de Sultana, une dame juive marocaine qui chantait très bien des chansons populaires simples et qui dansait, aussi, parfois. La soirée se fit de plus en plus gaie, tout le monde oscilla et tangua jusqu'au matin, puis les invités partirent mais nous sommes restés dans la House of the Nation. »

C'était une plaisanterie que tout Hiérosolymite de l'époque de Wasif comprenait. La maison de la nation était le nom, pour rire, d'un bordel réputé dans toute la ville. Pour Wasif et son ami Mustafa, la fête n'était pas terminée.

« Mustafa al-Nashashibi aidait Rena à tenir la maison. Il allait chercher les aliments et les boissons, lui donnait un coup de main pour cuisiner et servir les mezze et les *drinks*. Et cela continua encore, nous dormions le jour ou la nuit, selon le moment où nous en trouvions le temps, puis nous jouions nos morceaux, nous chantions et buvions. De nombreux voisins venaient se joindre à nous pour faire la fête. Nous avions commencé le samedi soir et nous n'avons quitté Rena et Sultana que le vendredi matin suivant. Puis j'allai avec l'oncle Abu Fuad rendre visite à l'honorable Oum Michel Karriouz, chez qui nous avons passé toute la journée du vendredi. Quand je rentrai à la maison vers onze heures du soir, ma mère me salua de ces mots : "Tu es parti longtemps, Wasif ! Ce maudit Deir Amr et tous ces gens, là-bas – tu devais rester deux jours et tu reviens au bout d'une semaine entière." Puis elle vit ma chemise, que Rena avait repassée le matin même et dit : "C'est très inhabituel, à Deir Amr." Je lui répondis, encore ivre : "Tu crois que Deir Amr est comme avant ? Je vais te dire, Deir Amr est devenu un lieu chic depuis que les Anglais sont là." Et ma mère : "Certainement, et je suppose que c'est un *butler* anglais qui a repassé ta chemise. Dieu te protège, Wasif, Dieu te protège." »

À l'époque de Wasif, déjà, la fin prochaine s'annonçait. Les Grands-Turcs étaient partis, les Jeunes-Turcs, qui avaient provoqué la chute du dernier sultan, allaient bientôt partir et les Britanniques arrivés à leur place ne resteraient pas très longtemps. Les fronts de la bataille pour l'Orient, la Terre sainte, pour Jérusalem, se dessinaient de plus en plus nettement. Juifs contre Arabes, nationalistes arabes contre sionistes immigrants, et eux tous contre les seigneurs britanniques fatigués de leur empire colonial. Émeutes sanglantes, attentats à la bombe, actions de représailles britanniques et, de nouveau, attaques vengeresses, terreur de tous côtés – tout cela se profilait à l'horizon.

Mais il restait un peu de temps pour une brève floraison de liberté, un peu d'air pour des figures comme Wasif. Cette atmosphère particulière de la Jérusalem des années 1910-1920 n'était pas seulement l'attente des nuits de fêtes, n'était pas la pure affaire d'une petite bohème. La Ville sainte elle-même était ainsi. Plus volubile, plus précis, plus enthousiaste encore que pour les fêtes dans les maisons juives ou chrétiennes, les chambres de célibataires et les cafés, Wasif racontait les grandes fêtes des trois religions. Tout se concentrait sur Pâques.

Les chrétiens de toutes confessions célébraient la passion et la résurrection de leur Seigneur pendant des semaines, de la période du carême jusqu'à la fin des fêtes de Pâques en passant par le dimanche des Rameaux. De même qu'à l'époque de l'Ancien Testament les juifs allaient à Jérusalem pour les grandes fêtes, les fidèles des trois religions s'y rendaient à présent depuis Naplouse, Bethléem, Jéricho, Beit Jala et les monts de Judée environnants. Les musulmans aussi vénéraient Moïse et la Vierge Marie, avançaient en procession vers leurs reliquaires. Wasif, qui connaissait bien sa Jérusalem, saluait également les effets profanes de cette grande fête de la foi.

Dieu merci, celle-ci existait depuis longtemps, écrivait-il, « elle permettait aux hommes de se reposer. Sans ces célébrations enracinées dans la religion, les gens auraient été voués à la mélancolie, d'autant plus aux époques où ils vivaient entièrement derrière les remparts de la ville, quand les portes se refermaient au coucher du soleil, par peur des attaques de Bédouins ». Sa situation naturelle de ville en altitude posée au sein d'une Judée aride et semi-désertique avait prédestiné Jérusalem à être un lieu singulier, purement religieux. Son attraction magnétique sur le monde venait de là. « Pas de plage, pas de source, pas de fleuve, pas de mer, pas de forêt – rien que des cloîtres, des églises, des mosquées et des synagogues. »

Wasif voyait clairement aussi l'aspect financier de la grande fête, le flot de pèlerins nourrissait la ville, « les boutiques du quartier chrétien semblaient s'embraser », tant les affaires marchaient, à Pâques. « Elles retiraient toutes de grands profits de ces heures et de ces journées bénies tant attendues. Pour ces familles, c'était la seule chance de gagner leur subsistance pour l'année entière. »

Le point culminant et spectaculaire était le Feu sacré des Grecs – le moment où, le samedi de Pâques, les ténèbres de la chapelle du Saint-Sépulcre s'enflammaient magiquement et où, au milieu des salutations d'une foule enthousiaste, des milliers de flambeaux jaillissaient puis étaient portés vers d'autres villes et d'autres pays. « Imaginez, commençait Wasif, tous ces gens qui se rendent, en ce grand jour, à l'église du Saint-Sépulcre et sur les terrasses des toits, parmi eux des clercs de confessions différentes, des gens ordinaires, des pèlerins européens, des Grecs, des Chypriotes, des Bulgares, des Français, des Allemands et – pour la plupart – pas moins de trente mille pèlerins russes, hommes et femmes. »

Tout le Vendredi saint, les cloches sonnaient jusqu'à minuit. « Elles sonnaient avec lenteur, en ce jour de tristesse, jour de la mort du Christ. » Et puis le samedi, après la messe du matin, « les représentants du gouvernement et les membres des familles musulmanes Nusseibeh et Judeh traversaient l'église du Saint-Sépulcre et inspectaient avec minutie chaque source éventuelle d'incendie, telle que les allumettes, les mèches, les briquets ou les fils électriques. Puis ils quittaient l'église et refermaient les portes. Cette tâche était confiée à un membre de la tribu de Judas, qui donnait la clé à un membre de la tribu Nusseibeh. La porte était scellée avec un cachet de cire rouge et restait close jusqu'à l'arrivée du patriarche grec orthodoxe, à douze heures précises ».

Voilà, ça commençait. Bannières, musique, chants, la tension montait. Une foule importante se pressait dans l'église. Habitants de Jérusalem et pèlerins venus de près ou de loin, de Ramallah, Taybeh, Beir Zeit, Beit Jala et Bethléem, vieux et jeunes, prêtres et laïcs, Arméniens, coptes d'Égypte, chrétiens éthiopiens et syriaques d'Alep et de Damas, Grecs et Latins et des milliers de Russes, hauts dignitaires, notamment Son Excellence le gouverneur. Tous attendaient le Feu sacré, la bougie à la main, pour le porter jusque chez eux, que ce soit au coin de la rue ou à Bethléem, au Caire, à Athènes.

« À une heure, la lumière ruisselait, accompagnée par les cloches des Grecs, les gongs et les cloches des Arméniens, en harmonie, acclamée et chantée par les fidèles de toutes confessions. » Le patriarche orthodoxe, qui était sorti de la chapelle du Saint-Sépulcre avec la lumière mystérieusement allumée, la communiquait encore et encore, « et aussitôt toute l'église était éclairée du Feu sacré. C'était un spectacle merveilleux, malgré la crainte que toutes ces bougies tenues à mains nues puissent provoquer un incendie. En cet instant qui imposait le respect, l'église résonnait des cris des femmes – surtout des femmes coptes d'Égypte –, l'allégresse crépitait de tous côtés, la foule se pressait à la porte, qu'on ouvrait aussitôt afin que la lumière sacrée se déverse dans le monde ».

La saison des fêtes ne se terminait pas avec Pâques et ses célébrations, ses processions et représentations essentiellement chrétiennes mais aussi musulmanes. « Dans la nuit de Pâques, à la fin du carême, les Hiérosolymites et surtout les Arabes orthodoxes fêtaient entre eux leur célèbre *huruma*, on conviait à des fêtes bruyantes, chez soi, qui duraient toute la nuit. Les gens revêtaient des vêtements arabes traditionnels et dissimulaient leur visage de façon à ne pas être reconnus. On se déguisait, par exemple en fiancée et fiancé, la fiancée portait une robe élégante, une belle chevelure, du maquillage et de nombreux bijoux mais c'était un homme – et inversement. Ainsi déguisés, les gens rendaient des visites surprises à leurs voisins. Ou ils venaient en prêtres pour célébrer une messe à laquelle s'ajoutaient des chants et danses guerriers avec épées et boucliers. Certains se déguisaient aussi en Juifs ou en Juifs ashkénazes, portant de fausses papillotes. D'autres allaient en paysans et paysannes dans le costume traditionnel de Ramallah ou en vêtements aux broderies précieuses dans le style de Bethléem ou encore en cosaques, avec toque de fourrure et tunique brodée, en Albanais, avec le calot rouge marocain, ou en diplomates avec un haut-de-forme. »

Wasif et son frère Tawfiq avaient imaginé quelque chose de très particulier. Ils étaient déguisés en géant et en nain. Le nain, c'était Wasif, et un échafaudage sur la tête transformait le frère en géant. Le long vêtement qui l'enveloppait de haut en bas, suscitant l'illusion qu'il était un homme-tronc sans tête, s'appelait curieusement « Berlin ».

Le carnaval chrétien atteignait son apogée dans un grand cortège à la porte de Jaffa, mais ce n'était pas encore la fin de la fête car le carnaval avait des cousins musulman et juif, les nuits du ramadan et la fête de Pourim. « Nous passions de longues soirées chez eux, se souvenait Wasif en parlant des visites chez ses voisins et amis juifs à l'occasion de Pourim, nous émerveillant de tout ce que nous voyions, il en était surtout ainsi au temps des Ottomans. »

Et il en était toujours ainsi. Aujourd'hui, près d'un siècle plus tard, les juifs fêtaient Pourim avec la même allégresse qu'autrefois. Les Grecs attendaient le Feu sacré avec la même impatience et exultaient comme à l'époque de Wasif, lorsqu'il paraissait dans l'église du Saint-Sépulcre. Mais chacun exultait seul. La belle paix de Jérusalem que Wasif décrivait avec tant de chaleur, le bon voisinage entre juifs, musulmans et chrétiens, qui n'avait certes pas toujours été harmonieux mais qui avait tout de même existé – tout cela n'était plus qu'un lointain souvenir. Cette paix avait cédé devant une chose qui s'étendait, certains jours, sur la ville, telle une poussière de mélancolie grise, et grésillait d'autres jours comme une mèche rougeoyante.

Super-vendredi

Je descendais la Via Dolorosa, trois Allemands marchaient devant moi. Ils trouvaient tout ridicule et se le confirmaient en se faisant sans cesse remarquer de nouveaux détails stupides. « Regarde, la station suivante. Qu'est-ce qui est marqué ? » L'un d'eux lisait sur son guide. « Véronique tend à Jésus le suaire sur lequel demeure l'empreinte de son visage. » Hochements de tête, petits rires. Toutes ces représentations pieuses, ces couronnes de roses, ces icônes. Des pèlerins venaient dans l'autre sens, un groupe d'Américains, ils portaient la croix et chantaient les paroles du larron, mis en croix près du Christ. *« Jesus, remember me when you come into your kingdom. »*

Ils chantaient à voix basse, murmurant presque, on voyait à quel point ils se sentaient étrangers ici, ne voulant surtout pas heurter les sentiments de quiconque. Les trois jeunes Allemands tentèrent d'éviter les pèlerins dans la ruelle étroite. Leur embarras frôlait le ridicule, eux-mêmes l'éprouvaient, et tout cela donnait quelque chose de désagréable que, moi qui voyais la scène de près, je ressentis à mon tour physiquement. Hors d'ici, vite, hors d'ici !

Au croisement de la Via Dolorosa et de la rue HaGai qu'on appelle en arabe al-Wad, je m'immobilisai. Je ne pouvais pas

111

continuer car à présent tout commençait. Tout à coup je faisais partie de la foule, une foule arabe emplissant la ruelle, n'avançant qu'avec lenteur. Des milliers de pieds, des dizaines de milliers, peut-être, se dirigeaient dans la même direction. L'expression « rue arabe » me vint à l'esprit. C'était bien elle et je me trouvais en plein milieu.

On était vendredi, l'heure arabe. Le quartier musulman se défaisait de sa grisaille et l'homme arabe, littéralement, de ses vêtements, ces vestons qui lui allaient mal, les vestes de cuir et les pulls bon marché dans lesquels il était si insignifiant, si gris – il s'en défaisait, comme s'il était las de faire montre d'une imitation peu réussie de l'Occident. Je voyais des foulards d'un blanc étincelant, de longues toges bédouines tressées d'or. De nombreux hommes avaient un bâton, même ceux qui n'en avaient pas besoin. Le bâton n'était pas une aide, c'était le sceptre de la dignité de l'âge. Et une certaine corpulence çà et là n'avait rien de honteux, c'était, comme le bâton, le foulard et le burnous, une preuve de dignité.

Bien sûr, il y avait aussi des jeunes gens chics vêtus à l'occidentale qui participaient au flot du vendredi, le tapis de prière jeté avec désinvolture sur l'épaule. Ceux qui avaient réussi, élancés dans un costume seyant ou une chemise blanche fraîchement repassée. Puis de nouveau des vieilles femmes, marchant encore fièrement dans une toilette palestinienne endimanchée ou déjà courbées vers le sol, à peine plus grandes qu'un enfant de neuf ans. Toute la Jérusalem arabe était dans la rue, apparemment, tout ce qui avait des jambes allait, marchait, paradait, claudiquait vers la prière du vendredi, même si c'était sur des béquilles. « *Ya Allah !* »

112

entendais-je, et encore : « *Ya Allah !* » – le soupir du vieil homme près de moi qui n'était plus très solide sur ses jambes. Cela tenait à la fois à l'effort de l'âge, au cheminement par les ruelles pierreuses de sa jeunesse, qui lui était de plus en plus pénible, à l'appel auquel il se rendait pour aller prier comme il l'avait fait chaque vendredi de sa longue vie, et auquel il se rendrait bientôt entièrement.

De jeunes fanatiques affluaient, aussi, qu'on reconnaissait à leurs barbes non soignées et à leurs regards coupants. Mines soupçonneuses sous leurs bonnets blancs, accompagnés de leurs femmes entièrement voilées, tout en noir. L'une d'elles, près de moi, n'avait même pas droit à l'étroite fente des yeux, le tissu noir lui recouvrait entièrement le visage. Elle portait son petit enfant sur le bras, qui, souriant à sa mère, ne voyait que du noir.

À présent arrivait quelqu'un qui me plaisait bien, un *effendi* avec un caftan sur la tête, le fez turc. Et ce maigre au nez crochu, là-bas, en burnous blanc, avait une apparence et une démarche faisant penser qu'il avait combattu sous le prince Fayçal et qu'il était entré dans Damas avec lui, ainsi, malheureusement, qu'avec le traître Lawrence. Il suffisait de lui ajouter mentalement une cartouchière.

Visages de Bédouins, visages de patriarches, visages de prophètes – visages sur lesquels était inscrit l'orgueil d'être le père de nombreux fils. D'être quelqu'un, dans ce quartier de la ville. Je me trouvais au bord du flot, je regardais, regardais, jamais assez rassasié. Et cela ne tenait pas seulement aux vêtements traditionnels qui seyaient mieux à ces hommes, cela tenait aux visages. D'eux aussi le gris avait disparu, les soucis, la tension. Le vendredi, les visages s'éclairaient.

Plus torrentueux encore, le flot devenait tourbillon. Au coin de la Via Dolorosa et de la rue al-Wad étaient postés des gardes lourdement armés, plus nombreux que d'habitude. Là se croisaient ceux qui ne pouvaient pas s'entendre, ils se mêlaient pour se séparer de nouveau. L'Arabie rencontrait la Judée. Des milliers de musulmans, en route vers Haram ash-Sharif, que les juifs appellent le mont du Temple. Des milliers de juifs, en route vers le mur des Lamentations, qui n'était rien d'autre que le mur de soutènement occidental du plateau sur lequel les musulmans accomplissaient, en ce moment même, leur prière du vendredi. Et au milieu, les chrétiens sur le chemin de croix de leur Seigneur. Je me trouvais sur la portion, étroite et courte, que devaient traverser ces trois fleuves.

Comme conduits par une chorégraphie élaborée, les gens qui, à quelques kilomètres de là ou ici même, en des circonstances légèrement différentes – j'allais en faire l'expérience – iraient prendre des pierres ou des armes passaient si près les uns des autres qu'ils pouvaient sentir le souffle de l'autre mais sans se toucher, sans même se remarquer. Et tel était le grand secret, je le compris à ce moment-là, au coin de la rue al-Wad et de la Via Dolorosa – le grand art de passer l'un près de l'autre, l'ignorance superbe de Jérusalem. Tandis que l'Amérique et l'Europe s'abandonnaient à l'utopie de la fusion, Jérusalem dévoilait sous mes yeux sa force créatrice de paix. Une paix, certes, mais aussi peu sûre qu'un verre de lait plein à ras bord entre les mains d'un enfant de trois ans. Le verre pouvait tomber à tout instant, la paix tendue, exploser.

Charly Effendi m'avait prévenu de ne pas aller dans certaines rues désertes, la nuit. Lui-même s'était déjà fait agresser.

« Ils surgissent et te donnent aussitôt un coup de couteau dans les jambes, dans les bras, en quelques secondes, tu n'as aucune chance. » Qui était ce « ils » ? avais-je demandé. Il avait haussé les épaules. Dès le premier jour, j'avais entendu parler d'agressions au couteau à la porte de Damas. L'agresseur, disait-on, avait poignardé un ultra-orthodoxe dans la nuque, par-derrière. Il avait pris la fuite. Qui faisait ce genre de choses ? Ceux avec qui j'en discutais haussaient les épaules. L'acte d'un criminel, d'un fou, une querelle de famille, comment savoir ? La victime avait finalement survécu, la blessure n'était pas profonde. Pas de quoi provoquer un soulèvement à Jérusalem.

Peu à peu la procession arabe s'éclaircissait. Chacune des rues latérales qui menaient à l'une des portes de Haram ash-Sharif recevait une partie des fidèles. Progressant maintenant avec plus de rapidité, j'atteignis bientôt le mur des Lamentations, là aussi les fidèles se trouvaient en plus grand nombre que les jours habituels. Dans quelques heures allait commencer le shabbat.

La nostalgie du lieu qui s'était emparée des juifs du monde entier pendant près de deux mille ans ne s'était pas assouvie. Elle était dans les mains qui se posaient sur les grandes dalles nues du mur. Elle était dans les voix de ceux qui chantaient des psaumes, dans les soupirs de ceux qui se contentaient d'être là, émus, muets. Un non-juif ne peut se représenter ce que signifiait, ce que signifie encore pour un juif d'aller au mur de soutènement du Temple perdu pour y prier. Jusqu'en 1967, jusqu'à ce que Moshe Dayan conquière la vieille ville, l'autorisation fut refusée pendant dix-neuf ans aux juifs d'aller devant le mur des Lamentations. Y souffler dans la corne de bélier leur était interdit depuis 1931. Une telle situation avait occasionné plusieurs massacres. Et devant le mur des Lamentations il n'y avait pas d'espace ouvert, une ruelle sinistre le longeait. En somme, le lieu qui demeurait le plus sacré pour les juifs était un non-lieu, une douleur permanente, l'accès leur en était rendu toujours plus difficile à force de nouvelles conditions. Lorsque la première avant-garde de Dayan parvint au mur en 1967, les soldats pleurèrent à chaudes larmes et la photo fit le tour du monde.

Je levai les yeux. Dans l'air il y avait quelque chose comme le bourdonnement d'une immense nuée d'abeilles. Et je compris, c'était un bourdonnement arabe – la prière du vendredi démultipliée en milliers de prières, là-haut, sur le mont du Temple. Elle flottait comme un nuage retentissant au-dessus des prieurs juifs, en bas, au pied du mont. Ils étaient près les uns des autres. L'étranger haï vivait derrière le mur, derrière la paroi, grondait au-dessus des têtes.

Tandis que les uns s'agenouillaient sur l'esplanade et s'inclinaient en direction de La Mecque, les autres murmuraient leurs prières quelques mètres en dessous. En haut la sourate, en bas le psaume. Au-dessus de moi priait la certitude d'appartenir à Allah et au dernier de ses prophètes envoyés sur la terre, à côté de moi priait la nostalgie du Temple perdu. À portée de main du mont du Temple, à un jet de pierre, le mur des Lamentations. Ici des pierres avaient volé, des balles, aussi. Maintenant s'élevait le bourdonnement de la prière. L'Arabie flottait dans les airs, toutes les raisons de se prendre à la gorge étaient là, dans la rue. Et il ne se passait – rien.

Lorsque je repris la rue HaGai en direction de la porte de Damas, la scène avait totalement changé. La prière du vendredi était terminée, le fleuve refluait. Maintenant sonnait l'heure des marchands des rues. Pendant que les fidèles priaient là-haut, ils avaient installé leurs stands le long de la ruelle, et parfois au milieu. Le jour de la prière était leur grand jour d'affaires. Des montagnes d'un rouge luisant, des empilements de fraises fraîchement cueillies. Des montagnes de pierres vernissées, des couches, pièce après pièce, de douceurs sucrées d'Arabie. Des chaussures de sport. Des nounours rouge cramoisi. Des dattes. Toutes sortes d'appareils électroniques. Des sous-vêtements par paquets de dix. « *Ashera ! Ashera !* » Dix ! Dix pile ! Tout pour dix shekels, aujourd'hui.

Le cri « *Ashera !* » provenait de partout maintenant, le flot des fidèles tombait dans une fièvre acheteuse. Tout à l'heure, alors que des milliers de personnes se pressaient pour la prière, je n'avais jamais été poussé ni bousculé dans cette multitude, à présent je sentais les ventres, les genoux, les coudes, toutes les parties saillantes du corps. Chaque commerçant criait sa marchandise, criait avec rage, comme si le jour du Jugement dernier était arrivé. Les billets crissaient entre leurs mains, leurs cous, leurs nuques luisaient de sueur, leurs voix rauques croassaient, sur leurs visages rubiconds on lisait : tout ou rien !

Le plus fou d'entre eux avait choisi la plus grande scène possible et un solide haut-parleur. Il se trouvait sur des marches en hémicycle, devant la porte de Damas, sonorisant tout le forum de haut en bas, une grande foule émerveillée l'entourait et prenait ce qu'il lui lançait, les caisses tanguaient l'une après l'autre dans les mains levées au-dessus des têtes jusqu'à ce qu'elles atteignent leur heureux acheteur, et les billets cheminaient dans la direction opposée. Mais lui, le commerçant, criant dans son micro sans faire de pause, cramoisi sous le soleil, ne cessait de vendre, d'accumuler les billets, comme en transe, il vendait… des fours à micro-ondes à Jérusalem.

J'étais arrivé, assoiffé, à la porte de Damas et ma soif augmentait. J'aperçus un homme qui portait une chose étrange sur le dos, d'un argent étincelant. Pas un bidon, mais la merveille orientale qui fait office de bidon. Des clochettes étaient suspendues à la pointe saillante recourbée et sonnaient doucement quand l'homme se penchait pour verser du jus, car c'était le marchand de caroubes. Moi aussi je pris un gobelet, avalant le jus sucré d'un trait.

Pour ne pas devoir marcher à contre-courant, je ne revins pas par la porte de Damas mais longeai le rempart jusqu'à la porte Neuve. En tournant le coin, je vis Monsieur Michel assis devant sa boutique, une vision familière. C'était un chrétien syriaque qui vendait les choses habituelles, des icônes et de l'or, mais ce qu'il proposait me plaisait davantage que la plupart des objets en vente dans le bazar.

L'humeur égale de Monsieur Michel semblait imperturbable, il parvenait même à raconter des catastrophes avec le sourire d'un homme qui ne sait que trop qu'il ne peut rien changer au cours du monde. Lui aussi, est-il utile de le dire, avait perdu son enfant au profit de l'Europe, comme si celle-ci revêtait encore l'aspect du dieu grec ancien, le taureau qui enlève les belles filles. Avec la même nonchalance cordiale avec laquelle il avait raconté sa souffrance personnelle, Monsieur Michel parlait à présent de la misère des affaires.

« Des icônes, des croix, qui en veut encore ? Les Russes, d'accord, et les Américains aussi. Mais en Europe, ils ne font même plus baptiser leurs enfants, pourquoi achèteraient-ils mes croix ? Vous ne portez même plus une petite croix dorée autour du cou, ce serait pourtant le minimum. »

NORA

Un jour on y arriva, elle avait trouvé du temps pour moi et était assise là, vêtements lavande, port noble, politesse accomplie, une apparition élégante totalement contemporaine, mon imagination n'avait aucune peine à la transplanter du petit bureau de Jérusalem où nous avions rendez-vous dans un hall d'hôtel à Paris ou à New York. Parmi les dames de la meilleure société qui prenaient le thé là-bas, elle n'aurait certes pas détonné. Lui rendre visite rappelait une audience, elle me salua de façon formelle et dit des phrases comme : « Ma famille remonte à la Pentecôte. » J'étais tellement perplexe que je ne demandai pas si cela signifiait que ses ancêtres figuraient parmi les disciples auxquels était apparu le Ressuscité. Elle en était à un autre ancêtre, déjà, nettement plus récent, qui avait vécu au XVe siècle mais dont l'histoire possédait aussi des aspects d'une Pentecôte.

« Cet ancêtre avait fait un rêve. Ma famille possédait un troupeau de moutons, autrefois, c'étaient des paysans simples et naïfs mais ils avaient beaucoup de terre. Un jour, sa brebis préférée s'égara, saint Georges lui apparut dans un rêve éveillé et lui dit où il devait la chercher, et il la trouva en effet, prisonnière d'un buisson d'épines. Mais saint Georges avait posé une condition à mon ancêtre. S'il retrouvait le mouton perdu, il devait lui bâtir une église à l'endroit précis où était l'animal. C'est ce qu'il fit, il la construisit et ainsi naquit l'église Saint-Georges, la seule église de propriété privée – puisqu'elle se dressait sur notre terre. »

Cependant les autorités cléricales virent la chose autrement, plus tard. « Selon la loi byzantine, tout ce qui est église est propriété de l'Église byzantine, c'est-à-dire grecque orthodoxe. Ils voulurent avoir notre église Saint-Georges, mais mes grands-pères étaient puissants, ils se battirent ; l'un d'entre eux, qui était juge, mit dehors le représentant de l'Église en disant : c'est notre terre. En 1943, la querelle fut portée devant le tribunal et ma famille obtint gain de cause. Saint-Georges resta notre propriété. »

Pas pour longtemps, car la guerre de 1948 bouleversa tout. Comme de nombreuses familles palestiniennes chrétiennes, celle de Nora abandonna ses biens de Jérusalem-Ouest pour fuir vers la partie orientale de la ville – mais l'église Saint-Georges se trouvait dans la partie occidentale.

« Et qu'est-elle devenue ?

– Une salle de conférences. »

Son père, racontait-elle, aimait beaucoup leur maison de Jérusalem. « En 1948, tandis que balles et grenades volaient, nos voisins dirent : "Mettez-vous en sécurité, allez dans la vieille ville, dans quelques jours ce sera terminé et vous reviendrez." On a tout empaqueté – et laissé sur place. Autrefois, une grande maison comme la nôtre avait un autel privé. Nos précieuses icônes, l'autel, nos meubles, les livres, l'argenterie, on emballa l'ensemble. Nos voisins étant juifs, ils ne partirent pas. Ils étaient un peu comme nos domestiques, pourrait-on dire. Ils n'étaient pas employés chez nous mais, quand il y avait quelque chose à faire à la maison, on les appelait. À ce moment-là aussi. Ils nous ont aidés à empaqueter et à ranger toute la maison. Tout le monde connaît la suite. Un mur s'est dressé entre la Jérusalem-Ouest israélienne et la Jérusalem-Est jordanienne, jamais nous n'avons pu revenir dans notre maison. Les quelques jours sont devenus près de soixante-cinq ans. Tout ce que ma mère avait emporté en 1948, c'était sa croix. »

Après, l'Église orthodoxe continua de vouloir prendre possession de l'église familiale. « À la fin des années 1960, il y eut un arrangement et on vendit la maison à une organisation qui en est toujours propriétaire aujourd'hui. Quand mon frère apprit la nouvelle, lui qui vivait aux États-Unis est venu à Jérusalem. Il dit à l'évêque alors en fonction : "Si c'est vrai que tu as bazardé notre terre, je t'enterre en dessous." »

Mais la famille n'avait rien pu y changer, sa terre, son église, sa maison avaient été vendues, il n'y avait aucun moyen juridique d'agir. « Le droit qui nous régit nous considère, nous qui avions des propriétés dans la ville occidentale et qui avons fui la guerre en 1948, comme absents, nos avocats nous disent que nous n'avons aucune chance.

– Vous ne pouvez pas changer cette situation en prenant la nationalité israélienne – ou vous ne voulez pas ?

– Nous ne voulons pas. Mon avocat juif me l'a souvent dit, "Nora, prends-la, tu paies des sommes monstrueuses pour que je t'aide à chaque fois que tu as des problèmes, tu pourrais économiser cet argent". Et je réponds : "Comment puis-je jurer loyauté à un État qui ne veut être que juif ? Je suis palestinienne." Et il me dit : "Je te comprends, Nora." »

Le mur de Jérusalem tomba en 1967, quand Israël repoussa l'agresseur arabe au-delà du Jourdain et conquit Jérusalem-Est.

« Les portes donnant sur l'Ouest étaient de nouveau ouvertes, mon père s'y rendit aussitôt. En revenant, il pleurait. Le grenadier qu'il avait planté, il l'avait vu en fleur, nous raconta-t-il, mais dans notre maison vivait un homme du Yémen qui l'avait jeté dehors. La maison devint son obsession, elle lui brisa le cœur. Son premier infarctus, il l'a fait au retour de cette visite, il en a fait cinq autres depuis. Il avait gardé les clés de la maison, comme beaucoup. Alors qu'il était à l'agonie, son ami américain vint lui rendre visite à l'hôpital. Il trouva la clé sous son oreiller, mon père est mort sur cette clé. Ma mère aussi avait quelque chose qui lui tenait à cœur, son piano. Son frère le lui avait offert quand elle avait treize ans. Elle avait dû le laisser dans sa fuite et elle ne l'a plus jamais revu. »

Plus tard, poursuivit-elle, alors que son père était mort et qu'elle était encore en deuil, elle avait été invitée dans la salle de conférences qui avait été autrefois la propriété de la famille. « Je ne sais toujours pas comment j'ai reçu l'invitation. J'y suis allée parce que c'était une occasion de revoir notre maison familiale, le thème de la soirée était le statut de Jérusalem dans la paix future. Comme le public pouvait poser des questions, je pris le microphone et je dis : "Je suis venue pour deux raisons, à cause du thème et à cause du lieu. Savez-vous où vous vous trouvez, mesdames et messieurs ?" Silence de mort dans la salle. Je poursuivis : "J'aurais souhaité pouvoir vous accueillir tous – dans la maison de ma famille." Je ne sais pas comment j'ai réussi à m'avancer pour parler. Je n'avais rien prévu, rien du tout. J'étais comme en transe. Je voyais mon père devant moi, je l'entendais dire : "Profite de l'occasion ! Parle !" Puis quelqu'un dit quelque chose, quelqu'un de la salle, qui me fit sortir de ma transe. Je retournai à ma place. À côté de moi était assis un rabbin avec sa femme, auparavant, déjà, il me regardait tout le temps. À présent il avait les larmes aux yeux. "Où est George ?" me demanda-t-il. "Il n'est plus en vie", dis-je. George était mon grand-père. "Je l'ai longtemps cherché, dit le rabbin, il était mon ami." Le rabbin venait d'une vieille famille de Jérusalem, comme nous. Nous avions beaucoup d'amis juifs. »

Cela ressemblait à une phrase de conclusion mais Nora n'était pas au bout de son récit. Elle posa les morceaux de puzzle qui manquaient au portrait de famille. « Nous avions beaucoup de terres, à Jéricho aussi, à Bir Nabala, au nord de Jérusalem, à Ramallah. Et je suis la dernière, la dernière de notre grande famille. Mes cousins sont en Égypte, en Amérique, en Europe. Nous avons dû vendre une grande partie de nos terres, là-bas, la pression était trop forte. Un jour, je suis allée à Jéricho et j'ai rencontré un officier palestinien sur notre terre. Je lui ai demandé : "Que fais-tu là ?" Il a dit : "Cette terre appartient à la marine palestinienne." J'ai ri tout haut : "Comment ? Et où sont vos navires de guerre ? C'est une plaisanterie." Presque tout est plaisanterie, ici. Notre vie est une plaisanterie. Les nombreux visiteurs du monde entier sont heureux de voir Jérusalem, les Lieux saints, mais ils ne voient pas la dureté de la vie que nous menons.

– Qu'est-ce qui vous retient ici ? Pourquoi ne faites-vous pas comme vos cousins, partir, vous avez bien une maison en Amérique ?

– C'est ma foi qui me retient, avant tout. Et ma conviction. Il faut que je fasse ce que je fais. Oui, j'ai une maison en Amérique, en Caroline du Nord, mais je reste ici. Un jour, il y aura une justice, peut-être pas au cours de ma vie, mais un jour, certainement. Dieu est juste. »

LE CHÂTIMENT DES FOUS DU TOMBEAU

Il appartient visiblement à l'essence des Lieux saints que règne autour d'eux une atmosphère assez peu sainte, qu'il s'y passe des choses rudes et même grossières. Qui s'attendrait à autre chose se ferait une fausse idée du sacré. Ce n'est pas une sphère lisse ni un murmure. Mais plutôt un grondement, un coup, une secousse qui ébranle le sol. Le murmure du sacré est une idée de notre époque. Lorsque la Bible relate des rencontres avec le sacré, les choses se passent dans la fureur. Les hommes font face à une terreur sacrée, tombent à terre, se couvrent les yeux, voient leur dernière heure arrivée.

Voilà à quoi je pensais, assis, de nouveau, sur mon banc à observer les gardiens du Saint-Sépulcre au travail. Depuis combien de temps ? Difficile à dire, à l'intérieur, dans la pénombre de l'église, à l'écart de l'agitation du dehors le sentiment du temps s'estompait. Il se fondait dans le frottement incessant des pas sur les marches et les pierres devenues lisses, se perdait dans le murmure des pèlerins, dans toutes les langues de ce monde, dans les centaines de lueurs vacillantes des étroites bougies qu'ils plantaient sur les supports du corset métallique.

J'avais d'emblée remarqué le gardien, pas seulement parce qu'il dépassait la foule d'une tête. C'était le plus furieux des gardiens du tombeau. Le noir, ainsi le baptisai-je car tout, chez lui, pas uniquement sa robe de moine, était noir. Sa chevelure broussailleuse était domestiquée en une tresse d'un noir d'encre, ses yeux dessinaient comme deux morceaux de charbon sur un visage blême, et ils étaient partout. En chien de berger vigilant, zélé, il allait autour des pèlerins de tous les pays du Seigneur qui souhaitaient accéder au tombeau vide. Celui qui voulait prier près du tombeau devait passer devant lui, devant l'ange noir. Et celui qui essayait de se glisser dans la queue derrière son dos croisait aussitôt son regard d'aigle, le gardien laissait éclater sa colère sacrée, l'empoignait et l'injuriait dans sa langue maternelle, le grec, et le jetait dehors sans pitié.

Veiller sur le Saint-Sépulcre est l'apanage des Grecs. Les grandes et les petites Églises, latine, grecque, arménienne, mais aussi copte et éthiopienne, ont des droits et des devoirs, dans l'église du Saint-Sépulcre, réglementés avec précision, et le service de son cœur, le tombeau vide, est bien sûr l'honneur le plus grand, mais c'est aussi, comme je pouvais voir depuis mon banc, un dur labeur. Du matin au soir, les moines grecs domptaient la foule des pèlerins, sans cesse renouvelée, qui serpentait autour de la chapelle. Ils bénissaient les pèlerins, ramassaient leurs bougies dès qu'elles étaient un peu consumées pour faire place aux bougies des pèlerins suivants. Ils attrapaient ceux qui jouaient des coudes et ils sortaient les fous. L'un d'eux approchait, justement, je le reconnaissais – le fou du tombeau. Chaque jour, il venait rôder et ne désirait qu'une chose, aller au tombeau.

Un homme d'apparence asiatique, ses rares cheveux ramassés en une queue-de-cheval, sa veste flottant autour de sa silhouette maigre, souriant malicieusement comme s'il se livrait à un jeu. Ainsi se glissait-il en prenant garde de ne pas attirer l'attention du noir. Mais celui-ci avait des yeux dans le dos et l'avait repéré depuis longtemps. Il se retourna, saisit le fou du tombeau, s'en empara rudement pour le jeter dehors. Les yeux de jais du moine luisaient dangereusement, sa bouche laissa échapper quelque chose que je n'entendis pas mais qui sonnait comme une injure grossière.

Ce n'était pas seulement un esprit fougueux mais un homme costaud, prompt à la décision. Je le soupçonnais de pouvoir envoyer d'un coup de poing ce fou malingre hors de l'église du Saint-Sépulcre, si le fou le poussait à bout. Car celui-ci ne voulait rien entendre et surtout pas obéir, devant la colère du noir il reculait de quelques pas, assez pour que celui-ci ne puisse l'attraper, et il approchait de nouveau dès que le moine revenait à son poste, à l'entrée du tombeau.

Mais les choses se passèrent autrement. Le fou de Dieu voulait aller au tombeau, le reste lui était totalement égal. Il suppliait, s'humiliait, ne prenait pas en compte, ne remarquait pas le nombre de personnes qui le regardaient, il ne lui manquait plus que de miauler comme un petit chat. Le noir avança de nouveau sur lui mais ne le frappa pas, il l'attira à lui, l'embrassa et baisa sa chevelure clairsemée. Puis il lui fit passer la porte pour le faire accéder au tombeau devant tous les autres, qui attendaient depuis longtemps.

J'étais comme rivé à mon banc. Je venais d'être témoin d'une scène comme en racontent les apôtres dans leurs récits – une scène digne d'une parabole, totalement illogique, imprévisible, libre. Un acte d'amour. J'avais assisté à la première d'une parabole encore non écrite.

Je sortis sur le parvis et, comme il faisait trop clair, je rentrai aussitôt, sur la gauche. Je pris le chemin éthiopien, franchissant une porte étroite qui menait dans l'obscurité d'une petite chapelle. Il me fallut quelques secondes pour reconnaître le moine éthiopien, son habit noir, son visage sombre, il se tenait là, immobile, élément vivant de la chapelle qu'on ne remarquait pas, il ne faisait pas attention à la file, aux badauds qui se frayaient un chemin, du matin au soir, dans la partie éthiopienne de l'église du Saint-Sépulcre, étroite, faiblement éclairée çà et là.

Dans une niche était assis un homme, un laïc, qui lisait un livre à haute voix, laborieusement, comme s'il n'était pas habitué à parcourir ces signes. Le moine, près de lui, corrigeait un mot de temps en temps et intervenait quand le laïc s'arrêtait et trébuchait, il faisait avancer le lecteur trop chargé, en difficulté, comme un paysan fait avancer son bœuf fatigué avec une baguette. Car il en était ainsi, l'homme portait une charge, il expiait sa faute. Qu'avait-il sur la conscience, que devait-il payer ? Au moment même où je me posais ces questions, je vis se dérouler une scène du haut plateau éthiopien.

Un propriétaire terrien tyrannique qui laissait ses valets mourir de faim, qui les frappait. Jusqu'à ce que l'un d'eux reste à terre et ne se relève plus. C'était cela, sa faute, il avait frappé son valet à mort, c'est pourquoi il était là, pour expier la dureté de son cœur, son forfait. Il avait supplié le moine de lui imposer une autre expiation. Il aurait préféré aller, aller à travers la roche et le désert pendant des jours et des années, jusqu'à ce qu'il ait oublié d'où il venait, pourquoi il devait marcher et ce qui s'était passé. Mais il n'avait pas le droit de marcher dans le désert, il devait traverser le buisson d'épines du texte sacré, il était si fatigué de lire qu'il n'en pouvait plus, il perdait pied, s'interrompait. Encore, dit le moine, tu dois, encore, encore. De l'homme s'échappa un râle, une douleur. Le moine sourit.

Une nouvelle file indienne descendait les marches, de nouveaux badauds s'arrêtaient et admiraient le tableau qui dominait la sombre chapelle. De nouveau un guide expliquait, une femme, cette fois, d'une voix forte et sans gêne : « Vous voyez là le roi Salomon, et voici la reine de Saba qui vient le voir pour éprouver sa foi. » De nouveau on filmait et on photographiait sans fin.

J'observais avec colère, une colère grandissante, dans ma niche. C'était insupportable. L'obscurité sacrée, l'homme qui expiait durement, la lumière éternelle qui brillait. J'étais sur le point d'agir. D'arracher le premier appareil venu pour l'entendre exploser sur des pierres plus qu'anciennes. Avant de devenir iconoclaste, je vis la femme guide sourire au moine, le moine lui sourire en retour et remercier, en baissant légèrement la tête, pour le billet qu'elle déposait dans la corbeille qu'il vidait de temps en temps.

On se connaissait, c'était clair. Et on avait besoin les uns des autres, les moines étaient pauvres, ils dépendaient des dons de ceux qui, jour après jour, se frayaient un chemin dans l'obscurité de leur chapelle et faisaient leurs photos. Un grand calme entourait ces moines en habits sombres, à la figure sombre. Ils vivaient sur une terrasse de l'église du Saint-Sépulcre, ils avaient édifié leur village-cloître africain dans une ruine datant des croisades. C'est là que je montais lorsque l'agitation du parvis devenait trop forte.

Là je m'asseyais au sol, appuyé contre un mur, et je voyais parfois un moine noir, sur un petit siège vacillant d'un bleu

131

décoloré, enveloppé d'une couverture noire, un Éthiopien particulièrement grand, particulièrement maigre, parfois il me souriait mais je n'avais pas l'impression d'être en mesure de faire quoi que ce soit qui risque de le tirer de son grand, son très grand calme. Cette pensée me consolait infiniment.

LA NUIT

Un jour, je rencontrai dans l'église du Saint-Sépulcre un jeune prêtre de Los Angeles, et nous fûmes bien vite au milieu d'une conversation animée, à cœur ouvert. Nous nous étions découvert des connaissances communes – non des gens mais des lieux. Il connaissait bien la région du Kansas, que j'avais traversée à pied. Lorsque j'évoquai mon intention de passer la nuit dans l'église, il dit qu'il n'oserait pas. C'était si direct que j'en conclus qu'il y avait pensé.

Le jeune Américain me rappelait qu'il existe des gens disposés à s'ouvrir rapidement à un inconnu lorsque les circonstances s'y prêtent. Et là, elles s'y prêtaient. Deux étrangers loin de chez eux qui avaient quelque chose en commun, mais peu de temps. Il me faisait penser à son Amérique, beaucoup lui ressemblaient, là-bas. Ici il y avait plus de distance. Plus de précautions. Qui es-tu ? Que veux-tu vraiment ? On m'adressait souvent la parole, et pas seulement les habitués du bazar, mais une conversation franche sur ce qu'on pensait précisément, cela arrivait rarement à Jérusalem.

Puis vint la nuit. Une heure avant la fermeture des portes, frère Noël apparut dans la sacristie, un sac en plastique à la main, pour me donner les dernières instructions.

133

« À sept heures, la porte de l'église sera fermée, après tout sera très calme jusque vers dix heures et demie. À ce moment-là viennent les Grecs et nous arrivons après eux. Puis ce sera de nouveau le calme total. Peut-être qu'ils vont ouvrir la porte à quatre heures du matin, peut-être pas – sinon ils le feront à sept heures. Vous serez donc enfermé douze heures. Vous le voulez vraiment ?

– Oui.

– Il fait sensiblement froid, la nuit, vous avez quelque chose de chaud ?

– J'ai pris une deuxième veste.

– Et de quoi manger ?

– Je ne mange pas, la nuit. »

Le grand homme élancé au crâne chauve me sourit comme une mère à son fils rebelle. C'était à lui que j'avais demandé l'autorisation de passer la nuit ici car il était le supérieur des franciscains de l'église du Saint-Sépulcre. Dix frères vivaient et priaient là. Ils venaient d'Italie, de Pologne, de Corée du Sud, du Japon, d'Israël, du Ghana et de Boston. Frère Noël était de Malte.

Quand je lui demandai pourquoi il était devenu franciscain, il me raconta son enfance sur l'île. « Je connaissais les franciscains de là-bas, la maison de mes parents se trouvait près de leur cloître. Quand j'étais petit, j'allais souvent assister à leur messe. » François d'Assise était quelqu'un qui lui plaisait, « un homme de paix et d'amour fraternel qui révérait la nature humaine du Christ », et la façon de vivre des franciscains lui plaisait aussi, il entra dans leur ordre à dix-huit ans. Il avait la cinquantaine passée, à présent.

Il me tendit le sac en plastique. « Rien de particulier, dit-il en manière d'excuse, juste ce que j'ai pu grappiller au réfectoire. » Des sandwiches et une bouteille d'eau, des fruits. Je ne voulais pas accepter l'offrande, mais il insista et je pris. Il était satisfait. « Bien, bonne nuit ! » Il me lança un dernier regard scrutateur avant de se retirer.

Il restait encore du temps avant la fermeture de la porte – l'heure des originaux. Trois Russes venaient d'apparaître devant le tombeau, un jeune homme, un homme plus âgé au visage dramatique sillonné de rides sur lequel retombaient des mèches, et une femme. Des personnages de Dostoïevski. Ils voulaient demander quelque chose au noir, au gardien du tombeau, et prirent une attitude de supplication ; dans un tableau russe du XIXe siècle, ils auraient pétri leur bonnet de leurs mains. Mais ils ne le firent pas, et en premier lieu parce qu'ils n'avaient pas de bonnet. Le jeune approcha du moine, c'était lui qui était chargé de parler pour les autres. À chaque fois que l'homme ridé, qui avait visiblement peur d'être repoussé par le noir, voulait s'avancer et s'immiscer, le jeune posait une main apaisante sur son bras et la femme le ramenait vers le fond.

Le noir était occupé. À chasser un gros personnage qui s'était dirigé vers les pèlerins en attente, tandis que le Grec avait le dos tourné, pour leur proposer un tour guidé, il avait déjà essayé avec moi.

« Laisse-les tranquilles, grommela le noir. Qu'est-ce que tu leur veux ?

– Je ne veux rien !

– Je ne veux rien, imita le noir avant de tonner : Menteur ! Va-t'en, va-t'en d'ici ! »

Le gros s'enfuit, le noir marmonna quelque chose qu'on n'aurait jamais imaginé de la part d'un moine. Puis il retira les barrières devant l'entrée du tombeau, les tirant l'une après l'autre sur les pierres millénaires de l'église sans se préoccuper d'ajouter de nouvelles rayures erratiques sur le pavage ; il le faisait tous les soirs, c'était son travail. On n'avait plus besoin de barrières. La procession qui allait au tombeau s'éclaircissait enfin, seules quelques toutes dernières personnes voulaient encore entrer.

C'était l'occasion, pour le jeune Russe, de s'adresser au moine. Je ne comprenais pas ce qu'ils disaient, ils se parlaient à voix basse. Mais cela ne semblait pas trop mal se passer pour le jeune homme, le noir l'écoutait toujours sans le chasser sur-le-champ. À présent, des coups forts résonnaient contre la porte, métal contre métal, le signal qu'il fallait quitter l'église, et les six grands candélabres devant la chapelle du tombeau s'éteignirent. La nuit avançait. À la porte il faisait encore clair, au-dessus de la pierre sacrée, des candélabres brillaient et la lumière pénétrait à l'intérieur depuis le parvis, à présent tout était désert.

Obscurité et silence, frère et sœur, sortaient de leur niche, prenaient peu à peu place, attendaient à une certaine distance de la porte, bientôt toute l'église du Saint-Sépulcre leur appartiendrait. C'était un beau moment, voir le franciscain italien s'appuyer au pied de l'une des colonnes byzantines puissantes. Le jour tombait, les bruits refluaient, les supplications et les questions, le frottement des pieds, les éclairs des photos, la mise sous contrôle des curieux pendant les messes et les processions. Tout cela faisait partie du service qu'il exerçait quotidiennement. Mais à présent la raison s'en révélait. Ce moment, comme après un grand concert, quand les milliers d'auditeurs sont partis et que les musiciens se tiennent les uns près des autres mais retirés en eux-mêmes. Ainsi se tenaient-ils, les Grecs, les coptes, les Arméniens, les franciscains, chacun seul avec son église comme l'Italien, ou par petits groupes.

Il n'y avait pas que moi qui restais cette nuit, nous serions trois. On nous indiqua d'attendre sur un banc, près de la porte. Une aile était fermée depuis une demi-heure déjà, maintenant le gardien de la porte était sur le point de clore l'autre aile et de fermer l'église. Un franciscain l'aidait.

Le service du portail de l'église du Saint-Sépulcre, depuis des siècles, était le privilège de deux familles musulmanes. Un sultan en avait décidé ainsi pour mettre fin aux querelles entre chrétiens. Le musulman qui officiait ce soir-là, d'une stature de boxeur, s'empara de la petite échelle qui se trouvait dans un coin, sortit avec elle et ferma l'aile encore ouverte. Je l'avais vu souvent, dehors, il appuyait l'échelle contre le portail pour parvenir à la lourde serrure antique. Encore quelques coups et nous serions enfermés.

Mais il fallait que la petite échelle repasse la porte. Elle apparut par une trappe entrouverte, le franciscain du Ghana la tira à l'intérieur. Puis il referma la trappe, seule ouverture vers le monde extérieur, et nous laissa. Lui et ses frères étaient à présent enfermés jusqu'au lendemain matin, comme nous. Les deux autres à rester cette nuit étaient des femmes d'une trentaine d'années, une Américaine et une Espagnole, d'après les rares mots qu'elles échangèrent. Elles s'assirent sur le banc près de moi mais se relevèrent bientôt, allèrent dans la chapelle du Saint-Sépulcre et n'en ressortirent plus dans les heures qui suivirent. Je les voyais, tel un portrait dans un gigantesque cadre noir, agenouillées près du tombeau, elles priaient.

Le temps passa, une heure, deux heures, trois heures. Parfois, un son provenant du dehors, très loin, les murs épais n'en laissaient pas filtrer davantage. Assis dans l'obscurité, j'avais enfoui profondément mes mains dans les poches, mes doigts raidis par le froid. Seule émergeait du tombeau une faible lumière, le carré clair où les femmes étaient agenouillées, tout le reste était sombre, la haute coupole au-dessus de nous se trouvait dans une nuit noire.

Je me levai pour faire un tour. Les pierres sous mes pas, aucune n'était semblable – noires, blanches, rouges, brunes, fendues, partagées en quatre, cassées, avec des traces de feu, d'épée ; le rocher fendu dans la chapelle des Grecs ; la grotte noire de suie des syriaques, le vacillement d'une bougie, l'éclat doré des mosaïques, et de nouveau les petites croix dont les murs étaient plus que couverts. J'avais tout cela pour moi, à présent ; tel un gardien de nuit, je fis ma ronde puis revins sur mon banc. Que faisais-je ici ? Les femmes étaient toujours agenouillées à l'intérieur, près du tombeau. Un calme parfait.

À un moment, des pas. Quelqu'un marchait dans l'église, une silhouette, un copte, peut-être, car il venait de leur domaine. Il me vit, s'immobilisa, me fit des signes que je ne compris pas. J'allai vers lui. Il désigna ses pieds nus, glissés dans des pantoufles de bain, il était habillé légèrement, par ailleurs, un moine égyptien en habit. Ne comprenant toujours pas ce qu'il voulait, je fis un geste interrogateur. Il désigna de nouveau ses pieds, rassembla son peu d'anglais pour dire : « *No good because is holy place here.* » Alors je désignai mes chaussures solides, fermées, qu'Abu Salomon avant tant louées, et il fit un signe d'assentiment. Voulait-il dire qu'aller dans l'église du Saint-Sépulcre en pantoufles de bain n'était pas convenable ? Je n'avais pas l'intention de mettre des pantoufles de bain, ici, c'était lui qui en avait. Je renonçai à comprendre et retournai à mon banc, apaisé par son dernier geste. Il ne dit rien de plus et continua de trimballer son seau de ménage ici et là, il venait si tard pour nettoyer son cloître.

De nouveau immobile, il regardait. Puis il se dirigea vers moi, s'assit à côté et me montra ce qui lui déplaisait. Il désignait mes jambes croisées l'une sur l'autre – car je m'étais manifestement assis ainsi, jambes croisées, sans y penser, par habitude. « *It's a holy place, Mister,* répéta-t-il. *It's not coffeehouse.* » C'était donc ça. Il était strict et il avait raison, les attitudes corporelles sont également des attitudes. Je n'étais pas assis dans un café mais à quelques mètres du tombeau vide d'où tout dépendait, d'où tout découlait.

Vers dix heures et demie, des bruits provenant du secteur grec me tirèrent de ma station assise. Un jeune moine portait une longue échelle que je connaissais – indifférente, elle se trouvait de jour dans la nef latérale –, lui aussi je le connaissais. Avec ses lunettes d'écaille et sa barbe, sous son bonnet de laine noire, il serait passé pour un branché, à Berlin. Il appuya l'échelle contre la chapelle du Saint-Sépulcre, retroussa son habit, monta pour allumer les lampes à huile, au-dessus de l'entrée. Puis il prit des tapis qu'il déroula jusqu'à la chapelle. Ces préparatifs durèrent un bon moment. À onze heures et demie apparut le franciscain de Boston qui alluma les bougies dans la chapelle du Saint-Sépulcre, puis s'assit et attendit.

Je m'étais retiré dans l'obscurité, entre deux mondes, à la frontière de Rome et de Byzance – à gauche la chapelle des franciscains, à droite le *katholikon* des Grecs orthodoxes, dans la nef centrale. Tous les deux commençaient, les Romains leur vigile, les Byzantins leur office de nuit, et ma nouvelle position avait pour avantage que j'entendais les deux. Dans l'oreille gauche, j'avais le récitatif constant des Latins, dans l'oreille droite, le chant des Grecs qui déferlait par vagues jusqu'au rivage d'une mer agitée, et j'étais assis là, j'écoutais, les yeux fermés, transporté sur une autre frontière.

Pour un Allemand, le tracé de ce *limes* était net. Ici le royaume de la raison – des églises claires, sans images, avec prédicateurs et chaires, le royaume de la parole. Là la foi du charbonnier – le monde embrumé de l'encens des miracles, le saint empire romain des images, pas tout à fait de ce monde. J'étais allongé sur le banc, la frontière me traversait de part en part. Il faisait un froid vif, mon bras glissait, je sentais le plastique, le sac des vêpres, je me redressai, déballai les dons de frère Noël, le remerciant en silence. Cela faisait du bien de manger quelque chose, même du pain et de l'eau. Minuit, je me trouvais dans l'église du Saint-Sépulcre, on ne pouvait approcher plus près du mystère, sur cette terre. Chez les Latins résonnait un chant régulier, la raison pure – à droite, chez les Grecs, tout s'agitait ; les voix montaient et descendaient, allaient et venaient, comme les chanteurs. Ici le *limes* séparait Rome de Byzance.

Lorsque tout se tut et que l'encensoir fut porté une dernière fois autour du lieu de l'Événement, les moines se retirèrent dans leur couvent, les lumières furent éteintes et les portes des Latins et des Grecs, refermées. Il ne restait plus que des femmes à présent, quelques nonnes et les deux femmes qui passaient la nuit ici.

Un calme s'instaura dont les deux femmes étaient partie prenante. Elles restèrent quand tout le monde fut parti, ne pouvant faire rien d'autre. Rester debout, ne pas vouloir s'en aller, ne pas pouvoir avancer, je connaissais cela, une scène

inoubliable au plus intime de mon être. Des histoires d'enfance, versées plus tard dans la musique que j'écoutais durant
le temps de la Passion. *Stabat mater dolorosa*, l'immobilité, la
fixité des femmes le vendredi, au pied de la Croix, le matin de
Pâques devant le tombeau vide. Vérité des images, cent fois
confirmée dans la vie, dans les guerres.

III

GUERRES SILENCIEUSES

LES COLONS

« N ous qui étions des Occidentaux, avant, nous sommes maintenant des Orientaux, celui qui était romain ou franc est devenu ici galiléen ou palestinien, celui qui se sentait habitant de Reims ou de Chartres se sent maintenant de Tyr ou d'Antioche. Nous avons oublié les lieux de notre naissance. »

Je lisais ces phrases tirées du récit d'un colon sur sa vie nouvelle en Terre sainte avec étonnement, car il l'avait écrit précisément neuf cents ans auparavant, un homme nommé Foucher de Chartres. Il parlait également de la situation personnelle des colons. « D'autres Latins sont mariés non seulement avec des femmes de leur ancienne patrie mais aussi avec des Syriennes et des Arméniennes, avec des musulmanes, même, mais baptisées, évidemment. »

À cette époque Foucher avait quitté Chartres, sa ville natale, alors que la nouvelle cathédrale, visible de loin, surgissait de la plaine et s'élevait vers le ciel – matrice originelle du gothique européen. Mais la Jérusalem orientale et lointaine l'attirait tout comme elle attirait des milliers d'Européens, des Français comme lui, des Italiens surtout, mais aussi des colons d'autres nations. Ceux de la première vague furent des chevaliers et des soldats ayant participé à la conquête de Jérusalem lors de la victorieuse première croisade, en 1099, et qui, au lieu de retourner en Europe, étaient restés en Terre sainte. Ceux qui vinrent ensuite furent des colons dès l'origine. Ils espéraient trouver dans les tout jeunes États chrétiens une vie nouvelle meilleure. Quatre États croisés virent le jour après 1099 – les comtés d'Édesse et de Tripoli, la principauté d'Antioche et le royaume de Jérusalem.

Laisser l'Europe derrière soi pour vivre comme artisan à Jérusalem ou à Tyr, comme paysan à la campagne, c'était une décision radicale. Il n'y avait pas de retour facile possible. Pas étonnant que Foucher de Chartres atteste un changement d'identité aussi brutal. Certes, une circulation de bateaux existait, presque régulière, entre des villes portuaires italiennes comme Amalfi ou Venise et la Terre sainte, mais les colons ne pouvaient guère relier leur vie nouvelle en Orient au cordon ombilical douloureux de leur ancienne patrie – trop cher, trop compliqué, trop dangereux. On n'était jamais sûr de survivre à un tel voyage.

Les colons étaient concentrés sur eux-mêmes, ils devaient se préoccuper de nourriture, d'armes et de marchandises de toutes sortes, ils devaient aussi trouver des femmes désireuses de les épouser. À quoi bon entreprendre un périple périlleux vers la Sicile, l'Aquitaine ou plus profond, à l'intérieur des terres européennes, et aller y chercher une fiancée, quand on pouvait trouver le bonheur bien plus près ?

Il y a neuf cents ans, l'Orient était beaucoup moins déchristianisé qu'aujourd'hui. La Syrie, la Palestine étaient de vieilles terres chrétiennes. À l'époque byzantine, les voyageurs décrivaient un désert de Judée presque surpeuplé de pieux ermites.

Jusqu'à ce que le calife Omar conquière Jérusalem, ces terres appartenaient au royaume chrétien de Byzance, mais même à l'époque de Foucher – près de quatre cents ans après l'arrivée de l'armée musulmane – le pays d'origine des chrétiens était loin d'être purement musulman.

Il y avait non seulement des localités et des régions chrétiennes, mais aussi, à proximité, un royaume chrétien, l'Arménie, autrefois moins lointaine – les relations avec les croisés, là-bas, étaient vivantes. Ainsi, non seulement les simples colons pouvaient trouver en nombre suffisant des femmes chrétiennes établies depuis longtemps dans leur nouvelle patrie, mais même les nobles pouvaient se marier décemment sans être forcés de quitter l'Orient. Quelques rois de Jérusalem épousèrent des princesses arméniennes.

Et il y avait la grande exception parmi les villes du monde : Jérusalem. Quand le pèlerin Johannes von Würzburg y arriva dans les années 1160, il trouva une vie chrétienne animée, étonnamment cosmopolite – de nouveau je lisais un récit confondant de clarté en provenance de cet âge prétendument obscur. La Jérusalem dans laquelle Johannes était arrivé huit cents ans auparavant ressemblait beaucoup à la ville que je parcourais depuis des semaines. « Ici il y a effectivement des Grecs, des Latins, des Allemands, des Hongrois, des Écossais, des Navarrais, des Anglais, des Ukrainiens, des Bohémiens, des Géorgiens, des Arméniens, des syriaques, des jacobites, des Syriens, des nestoriens, des Indiens, des Égyptiens, des Nubiens, des maronites et bien d'autres qu'il serait trop long d'énumérer. »

J'aurais volontiers pris un café avec Johannes von Würzburg à la porte de Jaffa pour aller ensuite en sa compagnie à l'église du Saint-Sépulcre en passant par Christian Quarter Street. Je l'aurais présenté à Abu Salomon, dont la famille remontait à l'époque de Foucher, et lui aurais montré les colonnes monolithiques de l'église que ses croisés avaient édifiées – toutes encore debout.

L'arrivée au royaume de Jérusalem, quand on venait de l'Ancien Monde, n'était pas tout – les jeunes États des croisés rayonnaient aussi sur les localités et les régions chrétiennes anciennes des environs, attiraient les chrétiens orientaux dans leurs châteaux, dans leurs murs, dans leurs villes. Certes les croisés étaient venus en guerriers et la conquête de Jérusalem avait été sanglante, mais ils se mirent ensuite au développement de la terre conquise à un rythme étourdissant.

Durant les quelques décennies qui leur furent allouées, les croisés ne bâtirent pas seulement des églises, des hôpitaux, des palais et des châteaux. Ils édifièrent de nouveaux villages, pratiquèrent l'agriculture, de préférence dans des régions où vivaient des chrétiens orientaux. Au faîte de leur puissance, les princes latins étendirent leur domination plus à l'est, jusqu'au-delà du Jourdain, et en Syrie jusqu'aux hauteurs du Golan.

Ce n'était pas seulement le miracle économique qui rendait les États croisés attractifs – ils offraient une liberté qu'aucun autre pays ne proposait à cette époque, ils accordaient, comme il est typique des jeunes États qui cherchent à attirer de nouveaux arrivants, des droits inconnus ailleurs, une vie plus libre, y compris pour les femmes. Par le mariage, dans le royaume de Jérusalem, une femme pouvait jouir d'une fortune comparativement élevée, dont elle pouvait disposer librement à la mort de son mari, un droit de bon sens dans un pays constamment menacé par les guerres. Si la veuve était noble, il lui était permis de chercher à peu près librement un nouveau mari.

Jérusalem ne brillait pas seulement pour les chrétiens du monde entier. Pendant les longs millénaires de l'exil s'éveilla aussi l'afflux juif. Un jour, un rabbin quittait l'Espagne, une petite ville de Galice à l'écart du monde, et des dizaines voire des centaines de disciples le suivaient jusqu'à Jérusalem pour y construire une synagogue, un endroit où vivre. Longtemps ces cortèges juifs vers Jérusalem eurent un caractère religieux. Certaines de ces colonies rabbiniques duraient longtemps, d'autres peu de temps. Ce n'est que lorsqu'en plus des rabbins et de leur suite pieuse, soldats et paysans arrivèrent qu'un État s'édifia.

Je me plongeais dans ces faits quand, fatigué de mes promenades en ville, je m'allongeais sur le lit et tirais un livre de la pile que Paul, le franciscain, m'avait donnée. Parfois je lisais pendant la moitié de la nuit et je ne pouvais pas m'endormir, trop conscient de l'endroit où j'étais. Après une nuit passée ainsi à lire, à veiller, je me rendais de bon matin à l'église du Saint-Sépulcre, qui venait d'ouvrir. Et qui franchissait le premier le porche ? Dostoïevski et son disciple. J'avais compris maintenant ce que le Russe sillonné de rides voulait du moine grec – l'autorisation de peindre l'église.

Il installait un petit chevalet, déballait couleurs et pinceaux et découvrait le tableau sur lequel il travaillait, un intérieur de basilique avec la chapelle du Saint-Sépulcre au centre, brûlant d'une lueur obscure. Il ne fallait pas lui parler, je n'essayai même pas, je me tournai vers le plus jeune. « C'est un peintre d'icônes réputé, dit celui-ci d'une voix étouffée. Nous venons de Russie. Il a restauré la sainte icône à l'arrière de la chapelle du Saint-Sépulcre. C'est mon père. »

La troisième personne était la femme du peintre, la mère du plus jeune. Tous trois avaient leur chevalet devant eux, tous trois s'absorbaient dans leur tableau. De temps à autre le vieux regardait l'ouvrage du jeune, parfois il allait vers lui et accentuait une ligne, ôtant au tableau de son fils sa timide pâleur.

ADA

Rendre visite à quelqu'un chez lui n'était pas très facile. Une chose est d'aller dans une rue droite et numérotée d'Europe ou d'Amérique et de sonner au bon numéro. Mais à Jérusalem, c'est différent. Il se pouvait qu'une rue commence arabe, devienne juive en son milieu et se termine autrement, en cloître éthiopien ou en couvent syriaque ou maronite. Ou bien la porte ne se découvrait pas au premier regard parce qu'on y accédait seulement par un certain passage ou un tunnel, en empruntant un escalier invisible, et ainsi de suite.

Parce que les Hiérosolymites ne cessent de considérer les étrangers comme incapables de comprendre quoi que ce soit à leur ville, je recevais de ceux qui m'invitaient des indications très précises, orales, dans de longues conversations téléphoniques, ou griffonnées sur un billet. Et il se révélait à chaque fois qu'il n'était pas si compliqué de trouver leur domicile. Si complexe que se montrât la vieille ville, elle restait ce qu'elle était – un kilomètre carré. Quelle que fût l'adresse, elle ne se trouvait qu'à quelques minutes, à quelques rues de l'endroit où on était.

Le trajet pour se rendre chez Ada était donc enchevêtré mais bref. Lorsque nous nous étions vus la dernière fois, la guerre du Liban où son fils avait combattu ne remontait qu'à quelques années. Les guerres étaient des repères dans la vie d'Ada. Elle montait avec ses parents sur les terrasses de Jérusalem-Ouest pour avoir vue sur leur maison perdue, dans le quartier juif. Son histoire comportait des ressemblances avec celle de Nora, mais en était l'inverse. Née après 1948 – l'année de la conquête du quartier juif par les troupes arabes, et de la division de Jérusalem en une ville orientale jordanienne et une partie occidentale juive –, elle ne connaissait la maison de sa famille, le quartier juif ainsi que toute la vieille ville que par les récits de ses parents ou vus de loin, depuis le toit.

Et j'avais avec Ada un peu le même sentiment qu'avec Nora. Ce que nous appelions « passé », dans notre monde méticuleusement déblayé, éclairé, rangé jusque dans le moindre recoin, était ici le présent. Ce qui avait été il y a dix ans ou il y a deux mille ans, alors que les choses s'étaient parfois apaisées entre-temps, ou calmées seulement un moment, ce qui avait été demeurait cependant aux aguets, flottait toujours dans l'air, à portée de main. Beaucoup l'éprouvaient ici – certains si fortement que leur vie se déroulait sous l'étoile du souvenir.

Bien sûr, Jérusalem connaissait elle aussi le quotidien, le désir de « vivre pour vivre », le bonheur et le malheur personnels. Ada avait vécu pleinement les deux, et en prenant le thé, nous parlions des souffrances et des joies des années au cours desquelles nous ne nous étions pas vus. Mais la conversation passait facilement des choses totalement privées à celles du vaste monde. Les espoirs et les pertes, les combats, les guerres, les victoires, tout cela était toujours proche.

La dernière grande victoire, dans la bataille pour Jérusalem, était la conquête de la vieille ville et des territoires qui la jouxtaient à l'est par l'armée israélienne en 1967. Les portes emmurées de la ville occidentale furent rouvertes, la voie vers le quartier juif et le mur des Lamentations était de nouveau libre. En fait, relatait Ada, il avait été décidé, lors des négociations de paix à Rhodes, en 1949, de garantir aux Juifs le libre accès au mur des Lamentations. « Mais les Jordaniens ne s'y plièrent pas. J'ai vu le mur des Lamentations, pour la première fois de ma vie, en 1967, nous nous sommes tous précipités. Tous ceux qui avaient été chassés du quartier juif en 1948 voulurent y retourner, comme mes parents. J'y ai emménagé, moi aussi. L'ensemble était en mauvais état, détruit, plus de six cents appartements. Marcher dans ces rues était acrobatique, tout était en ruine. »

Le quartier n'avait pas seulement souffert de la guerre entre 1947 et 1949, il avait été ensuite pillé par les vainqueurs arabes et détruit. Les nombreuses constructions nouvelles le laissaient pressentir. Le quartier juif est le seul des quatre quartiers de Jérusalem à ne pas avoir un aspect vieilli, usé. Après 1967, poursuivit Ada, une organisation fut spécialement créée pour la reconstruction du quartier juif fraîchement conquis. « Ce devait être un endroit pour tous les Juifs – ceux en costume et les cols bleus, les Ashkénazes d'Europe de l'Est et les Séfarades d'Orient, les laïcs et les pieux, un petit jardin d'Israël. Des quotas présidaient à l'attribution des appartements. » Ce jardin a beaucoup changé. « Aujourd'hui ce sont les sectes religieuses qui imprègnent notre quartier. Beaucoup sont partis parce qu'ils n'aimaient pas ça. Après, les sectes achètent leurs appartements et sont encore plus nombreuses.

– Toi aussi, demandai-je, tu voudrais partir ? » Il y a une heure encore, l'idée ne me serait pas venue à l'esprit. L'Ada

que j'avais rencontrée dix ans auparavant était devenue pour
moi le visage et le cœur du quartier juif, elle en faisait partie.
Quand j'avais voulu l'appeler quelques jours plus tôt, j'avais
découvert que j'avais perdu son adresse et son numéro de
téléphone, aussi j'étais entré sans réfléchir dans la première
boutique qui vendait des articles liés au judaïsme, près de
la synagogue Hurva, parce que j'avais le sentiment que la
propriétaire pouvait connaître Ada. Non seulement elle la
connaissait, mais elles étaient de vieilles amies. Voilà quelles
étaient les relations entre Ada et ce quartier.

Sa famille maternelle avait émigré d'Autriche-Hongrie
autour de 1800, son père était venu d'Autriche, lui aussi, dans
les années 1920. Ces gens-là étaient arrivés dans une Palestine
poussiéreuse et torride, avec pour seule perspective de travailler dur, très dur. Le père d'Ada avait d'abord essayé l'agriculture, et le climat, les conditions inhabituelles ne l'avaient
pas moins harcelé qu'ils ne l'avaient fait pour les docteurs et
professeurs d'Europe centrale arrivés après lui. Ces citadins
cultivés se retrouvaient sur des plantations du Proche-Orient
et, au lieu de rentrer le soir dans leurs appartements bourgeois
de Vienne, Breslau ou Berlin, après une journée de chaleur
et de poussière, ils allaient dans le réfectoire commun et les
baraques collectives des *kibboutzim* – comme si une main les
avaient arrachés à leurs cabinets et à leurs séminaires pour les
projeter sur cette terre étrangère, semi-désertique, dans des
champs où mener une existence de paysan-soldat à laquelle
rien ne les avait préparés dans leur vie antérieure.

Les ancêtres d'Ada étaient venus pour devenir des Hiérosolymites comme les autres, qu'ils fussent musulmans, arméniens, grecs ou catholiques – et non avec des vues définitives

sur la question, comme remettre d'emblée la vieille boutique et les quartiers des autres entre les bonnes mains. Ils n'avaient pas l'esprit à ça, pas le temps ni le pouvoir. Les ancêtres d'Ada, au début, s'étaient sentis très étrangers dans leur Jérusalem bien-aimée, et très pauvres.

« Mes deux grand-mères faisaient leur pain elles-mêmes, les deux familles étaient si pauvres qu'elles dépendaient du *schno*, ainsi désignait-on autrefois les économies que les Juifs récoltaient dans la patrie des émigrants pour la Palestine, qui étaient ensuite redistribuées par nationalités.

– *Schno*, qu'est-ce que ça veut dire ?

– Je ne sais pas exactement mais je suppose que le mot a un rapport avec *schnorrer*, les fous. En tout cas ça veut dire qu'on dépend de dons charitables. »

Nous parlions des Arabes et des Juifs. Ada racontait que, malgré les ravages de 1948, les Juifs revenus en 1967 avaient trouvé des familles arabes dans leur quartier. « Ils occupaient quelques maisons et devaient les évacuer. C'était juste, c'étaient nos maisons. On ne les jetait pas dehors, on leur proposait une solution de remplacement. Une famille arabe alla devant le tribunal mais sa plainte fut refusée sous le motif que c'était maintenant le quartier juif. Et aujourd'hui, les colons juifs se bousculent dans le quartier musulman. » Ce qu'elle réprouvait. « Mon oncle possédait un immeuble dans le quartier musulman. Et qu'a-t-il fait quand il a pu y retourner et exercer son droit de propriété ? Il a loué les appartements aux familles arabes qui y vivaient et les Arabes lui ont versé de nouveau un loyer, c'est tout, et ça s'est très bien passé. Jusqu'à ce qu'arrive cet homme. Je l'appelle le *mukhtar* des colons. »

Cet homme, c'était une célébrité, à Jérusalem, un *mukhtar* arabe est, depuis des temps immémoriaux, le patriarche indiscuté d'un village ou d'un *mahalla*, un quartier de la ville. Et cet homme, donc, poursuivit-elle, était venu trouver l'oncle d'Ada parce que, juif, il louait à des Arabes, et il avait fait si longtemps pression que le vieil homme avait cédé et vendu sa maison aux gens du *mukhtar*. « Aujourd'hui, c'est l'un des immeubles de colons du quartier arabe, il y en a une soixantaine. » Ces maisons avaient été achetées légalement, dit-elle, « mais moralement ce n'est pas bien. Je n'ai pas le droit de vendre mon appartement du quartier juif à des non-Juifs, mais les colons ont le droit d'acheter dans le quartier arabe ».

Elle n'avait pas encore répondu à ma question mais voilà qu'elle le fit. « Oui, je pense partir. » Ceux qui partageaient ses idées étaient de moins en moins nombreux. « Nous étions cinquante-cinq familles dans notre synagogue, nous ne sommes plus que quinze, à présent. C'est comme ça. »

Je pensai de nouveau à Charly : « Nous sommes les derniers. » La mélancolie d'Ada ressemblait quelque peu à la sienne. Et de sa situation personnelle à la situation générale il n'y avait qu'un pas. Nous étions assis à sa table, buvant du thé, de temps à autre mon regard percevait les tombes du mont des Oliviers, de l'autre côté. Si les lieux et les temps dont nous parlions changeaient fréquemment, le sujet restait le même.

« L'occupation est sans fin, dit-elle, à nous aussi elle cause du tort. Elle transforme le pays. Nos jeunes doivent faire l'armée – et quand on entre pendant des années la nuit dans des maisons étrangères, qu'on va chercher des noises aux gens au check-point, on n'est plus pareil. Je vois bien l'agressivité avec laquelle ils conduisent leur voiture, comme ils jurent dans les files d'attente, et bousculent. Cela me fait mal, je ne veux pas que nos enfants deviennent comme ça. »

Elle en vint à parler de ses enfants, qu'elle aimait par-dessus tout, ils avaient fait l'armée, bien sûr. « Mon fils a passé quarante-huit heures dans une prison militaire. Un vieil Arabe avait besoin d'un tampon, le soldat de service abaissa la grille devant lui. "Reviens demain." Mon fils la releva et lui donna son tampon. Ce n'était pas à lui de le faire – quarante-huit heures d'arrêt. Je suis fière de lui ! »

SOLDATS

É glise du Saint-Sépulcre, mur des Lamentations, mont du Temple – tels étaient les trois pôles de mes promenades. Aussi longtemps que je marchais, quels que soient les chemins que je prenais, tout se terminait toujours dans les lieux les plus saints, les plus inflammables de Jérusalem, et dans ces lieux je croisais des soldats. Parfois on faisait entrer une compagnie à l'intérieur de l'église du Saint-Sépulcre, sans les armes, laissées dehors. Parfois, quand il y avait de nouveaux troubles sur le mont du Temple, on postait des soldats en armes là-haut. Et toutes les quelques semaines, sortant de la rue al-Wad, entrant dans la lumière, je tombais sur une prestation de serment de recrues devant le mur des Lamentations, avec des centaines de fusils d'assaut posés sur des tables spéciales, canon contre canon.

Récemment c'étaient des parachutistes, cette fois c'était l'infanterie. De nouveau des barrières entouraient un grand carré, sur le parvis, les jeunes soldats attendaient le début de la cérémonie, de temps en temps les officiers leur ordonnaient de se mettre au repos, d'avancer, de saluer, de scander le serment, des jeunes soldats comme partout dans le monde. Les uns se donnaient un air décontracté, derrière leurs lunettes de

159

soleil, d'autres au contraire cultivaient un air dur, certains se battaient pour rire, visiblement excités avant le grand événement. Vite, un coup de téléphone, une photo, un rendez-vous pour plus tard, des plans pour la vie après l'armée. Des familles et des amies se tenaient aux barrières, fières de leurs fils, fières de leurs bien-aimés.

Les jeunes soldats faisaient preuve d'une virilité décontractée, comme il se doit lorsqu'on a sa formation derrière soi et, devant soi, un cérémonial à donner la chair de poule. Le soleil était bas dans le ciel, ils étaient tous bronzés, tout juste rentrés vraisemblablement d'un exercice dans le désert du Néguev. Un seul portait des papillotes, un sur des centaines, et elles se voyaient à peine – de petites mèches minces d'un blond vénitien sur une peau brune, le premier ultraorthodoxe que je voyais à Jérusalem qui n'était pas pâle comme un mort.

Je remarquai combien peu nombreux étaient ses semblables à prier au mur des Lamentations à cette heure, dix seulement, peut-être quinze, c'était très inhabituel. D'habitude un grand essaim noir nichait près de la muraille cyclopéenne, dans les interstices les plus accessibles des mains avaient fourré de simples billets de prière ; qui sortaient des fissures les plus hautes comme les poils d'un être vivant. Là où, les autres fois, se succédaient d'intenses allées et venues, où des hommes en caftan et en châle se tenaient les uns près des autres tandis que de leurs groupes résonnaient, toutes les quelques minutes, prières et chants, tout était à présent silencieux, presque vide. Les plus pieux d'entre les pieux évitaient-ils le mur des Lamentations, les jours où l'armée l'occupait, le désacralisant à leurs yeux ? On en avait le sentiment.

Un vieil homme, facile à identifier comme un orthodoxe strict, se tenait près de moi et regardait cette scène militaire, son esprit se révéla aussi aiguisé que ses traits étaient aigus. Je lui demandai ce qu'il pensait de la prestation de serment et il se défendit de la question en la retournant.

« Je n'ai pas d'opinion, et vous, qu'en pensez-vous ?

– Je n'ai pas d'opinion non plus, je ne suis pas israélien.

– Vous n'avez pas besoin d'être israélien pour avoir une opinion.

– Bon, alors je pense que si Israël veut être une nation, il lui faut plus de soixante-dix ans d'existence.

– Et moi je pense que la durée d'existence d'Israël réside en d'autres mains. »

Il le disait sans passion, sans trace de fanatisme, il le disait comme on dit : je crois qu'aujourd'hui il va pleuvoir, et il changea de sujet.

« Vous venez d'où, d'Afrique du Sud ?

– D'Allemagne.

– L'Allemagne a été très forte, sur le plan militaire.

– Oui, autrefois.

– Vous voyez ! »

La musique militaire qui sortait des haut-parleurs mit fin à notre conversation mais tout était dit. On ne parlait pas longtemps de la poudrière, à Jérusalem, et cela me plaisait. Le vieux monsieur me salua et partit – il avait un rendez-vous. Une fanfare roborative, à présent. Le commando revint encore saluer, un officier donnait les dernières directives. Et garde à vous ! Et maintenant, tout le monde ! « *Ani nishba !* » Je jure ! Je jure ! Je jure ! Et coup sur coup le serment retentit dans la chaleur rougeoyante du soir.

Je gravis l'escalier jusqu'au quartier juif. Devant l'une des nombreuses écoles talmudiques qui peuplaient la pente descendant en face du mur des Lamentations, des étudiants se disputaient avec un homme visiblement en chemin pour assister à la prestation de serment de son fils, en bas, sur la place. Ils allaient profiter de l'État et laisser le sale travail aux autres, voilà ce que reprochait le père du soldat aux étudiants de la Torah, dont aucun n'avait évidemment fait son service. Partout, dans le pays, éclataient des conflits exacerbés, ces dernières semaines, autour de la question de savoir si les ultra-orthodoxes ne devaient pas être enfin eux aussi intégrés à l'armée, exigence que ceux-ci repoussaient avec colère. Dans certains de leurs bastions, il y avait eu des explosions de violence.

« L'armée et l'État, lança un étudiant à la tête du père du soldat, ils feraient mieux de nous laisser tranquilles. Nous voulons étudier la Torah, c'est le plus important. » Et le père, là-dessus : « Le plus important, c'est que nous seuls pouvons nous aider car personne d'autre ne le fera. Vous pourriez consulter une carte, quand vous ferez une pause dans votre étude : nous sommes entourés d'ennemis qui ne veulent qu'une chose, éradiquer ce pays, vous comprenez ? L'armée, c'est notre force ! » L'étudiant ne se montra guère impressionné par cet appel au patriotisme. « Je connais la carte, c'est à nous qu'elle donne raison et non à vous. Nous sommes quelques millions et les Arabes sont des centaines de millions, alors s'il vous plaît – la Torah est notre force, nous n'en avons pas d'autre. Qu'est-ce qui nous donnerait de l'espoir autrement ? »

En bas, sur le parvis, la musique militaire s'était arrêtée, quelqu'un prit la parole, un officier de haut rang, la cérémonie suivait son cours. Le père du soldat écouta, il parcourut encore une fois du regard les jeunes gens pâles dans leur caftan noir puis se détourna en secouant la tête et se hâta de descendre l'escalier pour aller voir son fils et ses camarades.

En bas, le serment et les fusils d'assaut, en haut la Torah et les papillotes. Là-bas la nation en armes, ici le peuple de Dieu et la Parole, et la Loi. Ceux d'en bas se nommaient religieux nationaux, pour eux les deux allaient ensemble – la promesse divine de cette terre et l'État qu'ils servaient dorénavant, auquel ils avaient juré fidélité. Mais ceux d'en haut s'appelaient *haredim* ; ceux qui tremblaient devant Dieu et non devant un officier ou un ennemi – pour eux il était sacrilège de devancer les intentions du Messie et de servir l'État au lieu du Seigneur. L'État juif et le *shtetl*. La nation vaillante et le principe juif. Herzl et Moïse. Ce soir-là, je n'avais pas le sentiment que c'étaient les deux faces d'un même ensemble.

C'était l'heure de la lumière. Les couleurs de Jérusalem, énigme dans la journée, néant calcaire, se révélaient à présent. Un rose tendre brillait sur les murs, je crus distinguer une nuance de vert et autre chose encore, tout changeait, restait vague, ce n'étaient pas des noms de couleurs. Et d'un coup je le vis, le nom de la couleur, c'était désert. Couleur du désert, telle était Jérusalem à cette heure-ci.

Continuant mon chemin, je parvins à une grande synagogue. À travers ses fenêtres éclairées, des hommes en prière se balançaient, dans les ruelles étroites il faisait déjà nuit, làhaut dans le ciel clair se trouvait l'étoile du soir. Il y avait une musique quelque part, quelqu'un jouait du piano. Des voix d'enfants, des voix d'hommes, des bribes d'hébreu et d'américain, le coup d'aile proche et soudain d'un oiseau en retard, des chats, des moineaux, le chuchotement et le murmure d'un récitatif, quand des formes en manteau long passaient en se hâtant, l'Écriture à la main, de petits livres usés, c'était l'heure des silhouettes. Les hommes se transformaient en ombres.

Suivant la musique, je pris quelques tournants, parvins dans une cour. Une porte était ouverte. Un petit débarras, des caisses et des boîtes empilées jusqu'à toucher le toit bas, un cagibi. Dans un coin vide, le piano d'un noir décati. Un homme jouait, vêtu de noir, barbe grise, les fils de son châle de prière sortaient de sous sa veste. L'homme s'illuminait quand il jouait. Chopin puis Gershwin, il avait une préférence pour les musiques de film des années 1930-1940. Sur le piano, un verre à confiture rempli de pourboires.

Il venait jouer tous les quelques jours, me dit-il durant une pause, il en avait besoin, il venait de loin, du Canada, et voyageait de par le monde, il allait rester quelque temps ici. Un petit public s'était rassemblé autour de lui, nous étions assis sur les trois tabourets disparates qui s'accordaient bien à ce débarras, ou debout dans l'encadrement de la porte. Pendant une autre pause, il parla de son fils. Les choses ne s'étaient pas bien passées entre eux, le fils avait rompu tout contact avec le père et vivait en Californie, il ne l'avait pas vu depuis longtemps. Il pleurait son fils et ses propres fautes. La tristesse s'écoulait dans ses mains, il joua une nouvelle pièce, il jouait avec une telle virtuosité ; ce mot me revint à l'esprit : *Akedah*. Le mot que le Séfarade m'avait écrit sur un billet, en guise d'au revoir, dans le taxi, et qu'il m'avait transmis. *Akedah* signifie « lien ». Abraham avait attaché son fils Isaac avec des liens pour le sacrifier. Accomplissant ainsi la volonté de Dieu, s'attachant ainsi à Dieu. Le pianiste faisait le tour du monde et jouait, pleurait son fils. Ada avait eu la chance de ne pas perdre ses fils au Liban, dans cette dernière bataille qui fit tant de victimes. Dieu avait exigé le sacrifice du fils d'Abraham mais ne l'avait pas voulu, cela restait l'une des énigmes les plus obscures de l'Ancien Testament. Et seul le sacrifice du Fils divin, qui fondait le Nouveau Testament, résolvait l'énigme ancienne d'Isaac. Vous ne devez plus me sacrifier vos fils. Je vous aime tellement que c'est moi qui le fais. Adieu *Akedah*.

L'ÉPINE

Ada m'avait présenté une amie, Dina. Elle-même devait s'absenter quelque temps, mais son amie connaissait le quartier juif aussi bien et pouvait me montrer certaines choses. J'acceptai, plutôt par politesse, j'avais l'impression qu'Ada voulait me rendre service, même en son absence.

Nous nous étions retrouvés, par une chaude journée, près de la synagogue Hurva et avions parcouru quelques heures ce quartier que désormais je connaissais assez bien, ce qui eut pour effet de rendre toujours plus rares les brèves explications de Dina. Nous marchions côte à côte dans un silence de plus en plus fréquent. Elle avait l'âge d'Ada mais était plus fragile, plus tournée en elle-même, plus sombre que son amie. Je me demandais si ses pensées, alors qu'elle me faisait observer un vestige romain ou un haut lieu des combats de 1948, ne vagabondaient pas totalement ailleurs. Il faisait très chaud à présent, je proposai de trouver un lieu ombragé pour prendre un café et ce n'est qu'au moment où la visite obligatoire prit fin, à notre soulagement mutuel, que la retenue disparut et que Dina commença à raconter des choses de sa vie, ce qui lui tenait vraiment à cœur.

Elle avait été activiste de gauche. Dans ce pays et dans cette ville, cela signifiait qu'elle avait voué jusqu'alors sa vie à la réconciliation entre Juifs et Arabes. Tel n'était plus le cas. Elle était fatiguée. La femme qui était assise en face de moi avait perdu la foi politique. « Quand nous sommes arrivés dans la vieille ville, commença-t-elle, nous avons été cordialement traités par les Palestiniens. Certains nous ont dit : "Nous préférons vivre sous votre domination que sous la domination jordanienne, au moins vous ne nous tuerez pas comme les Jordaniens." » C'était une allusion à la répression sanglante de la non moins sanglante tentative de putsch d'une organisation palestinienne, en Jordanie, dans les années 1970-1971. La bataille pour le pouvoir se termina, dans le royaume, par les événements du « septembre noir », l'expulsion des Palestiniens hors de Jordanie.

Mais à Jérusalem, poursuivit Dina, les relations avec les Arabes ne firent qu'empirer au cours du temps. « Autour de l'an 2000, je sentais qu'ils nous haïssaient. Déjà, les jours précédant la visite de Sharon sur le mont du Temple, l'atmosphère était pleine de haine. Et quand il est monté, l'émeute a commencé, l'Intifada. »

Notre conversation avançait à tâtons à travers différentes couches. Une fois la couche extérieure percée, la politique, les guerres, la vie à Jérusalem, Dina en vint à parler de sa famille, et arriva le mot que je n'avais pas entendu depuis longtemps, précisément ici – Auschwitz. « Une partie de la famille de mon père a été tuée là-bas. J'ai du mal à aller en Allemagne. Mon père venait de Pologne, de la ville de Płońsk, comme Ben Gourion. Il avait immigré illégalement en Palestine avant la guerre et, parce qu'il lui avait été impossible de faire venir sa famille, mon père s'est senti coupable tout le reste de sa vie. » La mort ou la vie. Son père avait pris le chemin de la vie, sa première famille le chemin de la mort.

Il y eut une pause. J'étais assis à la table de ce café, sous les platanes, bien loin de chez moi, et même si je savais combien l'existence de cette terre juive était indissociable de ce qui s'était passé dans les camps allemands quelques années auparavant, tout cela était resté étonnamment à distance depuis mon arrivée. Plus loin que mon chez-moi. Les choses dont il était question ici, le dépérissement des deux quartiers chrétiens, la mélancolie des élites anciennes, le combat autour du mont du Temple, toutes les autres guerres silencieuses de Jérusalem – ces choses-là avaient bien plus de relief sous la lumière claire de Jérusalem que les souvenirs de l'Europe des années 1940.

Bien sûr, soixante-dix ans avaient passé depuis, une vie humaine pour ainsi dire, et la réalité des lieux existait de son droit propre depuis longtemps, n'était plus la simple antithèse d'Auschwitz, c'est pourquoi le mot venait si tard.

Dina aussi était dans ses pensées, très loin des platanes de Jérusalem et de sa chaleur sèche, elle aussi remontait vers le temps d'une autre vie humaine. Quand elle revint, elle dit cette phrase qui l'obsédait depuis longtemps : « Je n'aurais peut-être pas été là si mon père ne s'était pas marié une deuxième fois. »

Je pressentais ce qui tournoyait en elle, non, je ne le pressentais pas, je le voyais – un tourbillon, qui aspire ceux qui le regardent trop longtemps. J'essayai de la convaincre. Qu'il n'était pas juste de se charger d'un poids sous lequel on ne pouvait que s'effondrer, un poids si injuste, surtout, qu'il fallait qu'elle s'arrache aux remous de ses noires pensées.

« Mon père n'a jamais parlé d'Auschwitz, l'entendis-je dire. Ni de sa première famille, pas une seule fois. Mais il a écrit un journal. Je l'ai lu en secret et ma mère m'a un peu raconté. Papa allait toujours à des réunions de survivants de Płońsk. Et d'un coup il n'y alla plus. Mon cousin me dit que des membres de la famille de sa première femme l'avaient traité d'assassin. Je rêvais toujours que l'un des trois enfants de son premier mariage, au moins, ait survécu. Mais bien sûr aucun n'a survécu. » Puis elle dit, sans transition : « Je n'arrive pas à comprendre comment des gens qui ont été à ce point victimes de discriminations peuvent discriminer les autres. »

À présent, c'était sa propre vie qui bouillonnait, celle dont elle était lasse. « J'avais un ami arabe, un professeur, il est en Allemagne maintenant, il s'est marié là-bas. Il a renoncé à Jérusalem. D'autres amis ayant des conjoints arabes ont renoncé, eux aussi, ils sont au Canada. Et quand j'ai loué un appartement à un gentil couple arabe, les coups de téléphone ont commencé : mets-les dehors, ça fait baisser les prix du quartier. On cassait leurs fenêtres, leur lessive était jetée dans la boue, ils ont fini par déménager. »

Le goût d'amande amère de ces histoires provenait du fait qu'il manquait le sentiment de consolation que peut procurer une vision unilatérale – cette idylle intérieure qui garantit la certitude de se trouver du bon côté de l'histoire. On se tournait à gauche et c'était amer, on se tournait à droite et ce n'était pas mieux, voilà quelle était la situation. Et les histoires de Dina étaient pareilles.

« J'avais une amie arabe, je lui a donné mon adresse pour qu'elle puisse rester à Jérusalem. Quand l'Intifada a commencé, elle m'a traitée comme si je faisais partie du gouvernement. » Et Auschwitz, de nouveau. « Je suis allée à Auschwitz avec des amis arabes, en surface c'était bien. Ils étaient tous polis, personne n'a fait de mauvaise expérience. Et pourtant, on sentait que quelque chose n'allait pas. Nos sentiments et les leurs demeuraient différents. Une belle idée – des Juifs et des Palestiniens allant ensemble à Auschwitz, vous comprenez notre souffrance, nous comprenons la vôtre. Mais ça ne fonctionne pas. »

Tout cela s'écoulait d'elle comme d'une blessure. Que Dina soignait et bandait seule, elle retira l'épine, elle acheva. « J'ai renoncé. Renoncé à être activiste, je ne descends plus dans la rue, c'est sans espoir. Nous sommes 5 %, guère plus. Ils nous haïssent comme si nous étions contre Israël. C'est absurde, nous voulons sauver Israël. J'aime Israël. »

L'ŒIL

Un soir où il faisait un froid de canard, j'avais rendez-vous avec Charly Effendi, un certain nombre de choses s'étaient accumulées dont je voulais parler avec lui. Je gelais, je toussais, mais il apparut au point de rencontre habituel, la porte de Jaffa, visiblement de bonne humeur. « Je connais le jeune homme, me répliqua-t-il, je connais toute l'histoire. » Voici de quoi il s'agissait. Je lui avais raconté, quelques jours auparavant, une histoire de Jérusalem qu'il ne connaissait pas et j'avais l'impression que son honneur en avait été blessé. Cet étranger sait quelque chose que je ne sais pas – bizarre. Mais à présent, il en savait plus que moi, tout était rentré dans l'ordre, d'où sa bonne humeur.

Ce n'était pas mon histoire, je la tenais d'Ada. « Écoute, je vais te dire une chose que je ne raconte jamais, ainsi avait-elle commencé. Je suis depuis longtemps amie avec une famille arabe. Quand je pars pour une certaine période, je leur donne les clés de mon appartement et ils s'occupent de tout. Nous avons une relation de confiance. »

Un jour, en allant dans la vieille ville, le jeune fils de cette famille était tombé sur un contrôle policier. La situation avait explosé en quelques secondes. « Ils exigent son passeport.

Il le leur donne. Ils jettent le passeport à terre et disent : "Ramasse-le !" Le jeune : "Ramassez vous-mêmes. C'est vous qui l'avez jeté !" Il le dit avec tout son orgueil d'adolescent, avec ses hormones d'adolescent. Après, c'est la foire d'empoigne, la bagarre. Les policiers obtiennent du secours, ils sont huit à le maintenir au sol. Il se défend vigoureusement et en blesse un à l'œil. L'œil est foutu. Le jeune est foutu. Quatre ans de prison. »

Et encore, il a eu de la chance, avait poursuivi Ada. Il a été condamné non pour infraction à la loi sur la sécurité mais seulement pour acte criminel, blessures corporelles. « Normalement, quand on a fait les deux tiers de la peine, on peut être libéré pour bonne conduite. Et son père est gravement malade, on a un besoin urgent du jeune homme, à la maison. Mon fils est avocat. Nous faisons notre possible pour aider la famille, nous écrivons des pétitions, des lettres, nous en avons déjà beaucoup écrit. » Avant de prendre congé, elle avait ajouté : « Si le quartier savait que je m'engage pour un jeune Arabe qui a crevé un œil à l'un de nos policiers, ils me… – elle chercha un mot qui décrive la gravité de la situation – ils me lapideraient. »

Charly s'était étonné d'entendre parler d'un cas aussi tragique, dans son environnement, dont il ne savait rien, lui qui savait tout ce qui se passait dans la vieille ville. « Tu ne connais pas cette histoire, avais-je dit, tentant de le consoler, parce que personne ne la connaît, ni voisins ni amis. Parce que la famille a gardé le secret sur ce qui s'est passé. Sinon ce serait encore pire. Quand les gens demandent des nouvelles du jeune homme, on répond : il va bien, il a appelé hier, il fait une formation à Amman, ou quelque chose de ce genre. »

Charly Effendi hocha la tête.

« J'ai parlé avec la famille.

– Tu as… tu veux effrayer ces pauvres gens ? Tu aurais dû le garder pour toi. Maintenant ils vont croire qu'on crie leur secret sur les toits.

– N'importe quoi, ils me connaissent. Je veux savoir ce qui se passe dans ma ville, c'est tout. Je leur ai demandé : est-il vrai que votre fils est en prison ?

– Et alors ?

– Oui, ont-ils dit, d'où tu le sais – personne n'est au courant dans le quartier.

– Et alors ?

– Je les ai vite rassurés. Personne n'apprend jamais rien par moi, ils le savent. » Après un moment de silence, il poursuivit : « Je les comprends. Le père est artisan et il a des clients juifs. La famille se tait de peur de perdre sa clientèle et ses moyens d'existence, c'est clair. Et puis, le jeune homme a eu de la chance.

– C'est ce qu'Ada dit, aussi.

– Quatre ans seulement – il aurait pu écoper de dix ans. Quand un sujet crève l'œil d'un seigneur, on donne d'emblée dix ans.

– Charly, un œil est un œil. Qu'on aille en prison pour ça, c'est normal. »

Il céda aussitôt.

« Un œil est un œil, c'est vrai. »

Il réfléchit. Il y avait eu combat. Dans ce combat un homme avait perdu un œil, en d'autres termes, il avait acquitté le prix du sang, et il ne s'agissait pas tant de morale ou d'expiation, comme on dirait en Europe, que d'une addition à régler. S'en acquitter était l'affaire de la famille dont le fils avait arraché cet œil.

« J'ai demandé à la famille qui payait pour cet homme, pour son œil perdu, dit Charly Effendi.

– Et alors ?

– Ce qu'ils m'ont dit m'a rassuré – et a fait la lumière sur la vérité de cette histoire. L'homme éborgné par leur fils n'est pas du tout policier, il est soldat. Il est donc invalide, maintenant. C'est l'armée qui paie. »

C'était donc un contrôle militaire que le jeune homme avait subi et non un contrôle policier. « J'ai du mal à les distinguer, avouai-je, bien que je voie tous leurs faits et gestes sur la Via Dolorosa et ailleurs. Il faut être expert en uniformes pour pouvoir discerner avec certitude une patrouille de police d'une patrouille militaire portant les mêmes armes. » Charly Effendi me considéra d'un regard amusé et moqueur. Tiens donc, et tu veux comprendre quelque chose à ce qui se passe ici ?

Il en était encore au prix du sang, œil pour œil – qui paie ? « En fait, c'est la famille qui devrait payer », dit-il. Ici c'est comme ça, depuis toujours.

Il aimait les livres et il aimait Paris. Mais il aimait Jérusalem par-dessus tout. L'historien de la Jérusalem ancienne, on le surnommait ainsi. Mais ce n'était pas un bohème, ce n'était pas un bel esprit en dehors du temps, cela ne pouvait pas exister ici et il n'avait aucune envie de l'être. Quand on en venait au cœur, quand il était question de sang et d'argent, Charly Effendi pensait en homme de l'Orient.

Un jour, alors que nous nous connaissions mieux, il s'excusa :

« Je ne t'ai jamais invité chez moi depuis tout ce temps. C'est à cause du chat.

– À cause du chat !

– Oui, un chat qui s'est précipité vers moi et qui, depuis, occupe mon appartement vingt-quatre heures sur vingt-quatre, un animal énorme, qui attaque les gens.

– Tu es sûr que c'est un simple chat et pas un lion ? »

Il ne pouvait pas en rire, la chose était grave.

« Je le nourris de viande, mais même en mettant la viande devant la porte, je n'arrive pas à le faire sortir. Il est trop malin.

– Qu'est-ce qu'il veut ?

– Mon appartement. Il se cache dans cet appartement, qui est assez grand pour ça.

– Mais je ne te savais pas si… si…

– Je vois ce que tu veux dire, si peureux. Je ne suis pas peureux, tu le sais, mais je connais les chats, j'en ai eu beaucoup et je n'ose pas le chasser. Il m'attaquerait, je le sais, et un inconnu comme toi encore plus. C'est inscrit dans son cerveau, ce qui se passerait – s'il se décidait à devenir un animal sauvage. »

Le chat de Charly demeurait un mystère. Je sentais le sérieux de ses paroles et nous en sommes restés là. Nous avons changé de sujet sans en changer car il continuait de m'expliquer pourquoi il ne pouvait pas m'inviter chez lui, même sans ce chat démoniaque.

« C'est à cause des livres.

– À cause des livres !

– Oui, à cause des livres. »

Il n'avait tout simplement pas la place de recevoir des invités. Sa bibliothèque privée emplissait chacune de ses sept pièces. Quelques dizaines de milliers de volumes, trente ou quarante mille, il ne savait pas exactement. Il n'y avait rien sur l'histoire de Jérusalem et de l'Orient qu'il ne possédât. « Et parmi ces livres, aucun roman, jubilait-il, pas un seul. » Il méprisait les romans, c'était clair.

Que pouvaient-ils raconter en effet à un homme dont la vie et l'histoire familiale étaient pleines de drames, de tragédies et de comédies – un Arménien de Jérusalem, cent ans après l'assassinat de son peuple, après la fuite et les combats depuis, les pertes, les étoiles filantes du destin. C'était sa part orientale, un sens aigu de la matière dure dont Jérusalem était faite.

LE MURMURE DES MAISONS

Je vivais au couvent Agios Michail depuis quelques semaines maintenant, et une routine quotidienne s'était instaurée, un cadre d'habitudes. Tous les matins, après avoir traversé le lugubre tunnel qui menait au porche, je saluais le boulanger d'en face et le premier voisin à main droite, le portier de la custodie de Terra Santa. Il m'avait suffisamment vu aller et venir pour me faire signe avec décontraction, mais il était trop tôt pour rendre visite au frère Paul.

Je continuais, saluant les hommes assis sur des tabourets de raphia, du côté ensoleillé de la ruelle, devant leur boutique dans l'ombre, un verre de café à la main pour affronter la fraîcheur matinale, je tournais et j'arrivais au modeste centre de cette partie du quartier chrétien. Quelques boutiques proposant des antiquités, des objets de piété et des choses du quotidien, deux ou trois restaurants qui servaient le vin juif des hauteurs du Golan et la bière chrétienne de Cisjordanie, le dentiste grec, le céramiste arménien, le coiffeur musulman. Hamdi se tenait déjà devant la porte de son salon pour me présenter son « *Merhaba !* », ce matin-là comme les autres. Je le lui retournai, il ne renonçait pas à l'espoir de voir un jour cet étranger non plus passer mais entrer sur son invitation pour se faire raser et se faire couper les cheveux.

Chez le boutiquier dont l'offre était si confuse et si maigre qu'on se demandait de quelle sorte de magasin il s'agissait, j'achetai une nouvelle carte de téléphone prépayée, il avait exactement celle qu'il me fallait. Son voisin, spécialisé dans les icônes, m'invita à entrer, me montra quelques pièces et m'expliqua avec franchise ce qui relevait d'un véritable artisanat et ce qui était une copie faite en Chine, comment les distinguer, et ce dans un italien fluide qu'il traduisait de temps en temps en anglais quand il avait l'impression que je ne suivais plus. « Mon grand-père était italien », déclara-t-il en voyant mon étonnement, qui ne cessa pas pour autant. Une langue maternelle occidentale transplantée en Orient et encore vivante à la troisième génération – n'était-ce pas étonnant ?

Bien sûr, les drames et les comédies les plus récents du quartier chrétien parvenaient aussi à mes oreilles. C'était, par exemple, ce petit bistrot décoré sans goût dont le patron avait toujours l'air maussade et quelque peu absent. J'appris bientôt son histoire. L'homme avait fait quatre ans de prison et avait rouvert son café depuis peu, depuis sa libération. Et la bagarre qui avait récemment éclaté au coin de la rue concernait sa fille.

C'est ce qu'affirmait la deuxième version que j'entendis de cette rixe sanglante. Dans la première, il était question d'une bagarre entre jeunes, d'après la seconde, la chose était plus grave. La fille du type maussade avait été insultée, des jeunes gens lui avaient dit quelque chose qui avait provoqué une réaction vigoureuse de la part des hommes de sa famille. Le sang avait coulé, dans la ruelle al-Rusul, tout le quartier en parlait.

Le soir même, au restaurant arménien, l'un des rares endroits de la vieille ville où il y avait de quoi boire et manger après la tombée de la nuit, j'entendis une troisième version, la plus vraisemblable. Le serveur arménien à qui j'en parlai, un homme athlétique à considérer sérieusement en tant qu'adversaire, me la raconta à sa manière concise.

« Oui, il y a eu une bagarre. »

Je mimai la scène avec les poings.

« Non, dit-il, ici on ne se bat pas avec les poings, ici on se bat au couteau et – de ses mains, il indiqua la longueur – avec ce genre de matraques.

– C'était à quel sujet ?

– Deux familles. Deux garçons ont commencé à se battre et puis leurs frères aînés sont intervenus, puis les familles, les hommes. Ils sont tous en prison, maintenant. Deux ont été blessés au couteau. »

Un compte rendu de spécialiste, clair et précis – une querelle de famille dans le quartier chrétien.

J'étais assis dehors, la soirée était chaude. Hamdi, le coiffeur, m'avait jeté de fréquents coups d'œil mais n'avait plus envie de m'attendre, maintenant. Il ferma son salon et rentra chez lui. Des policiers arabes patrouillaient, vêtus de noir, portant leur matraque dans le dos comme un sabre de samouraï. Un garçon sortait son jeune chien aux yeux bleus, qui s'ébattait joyeusement dans la ruelle. À la table voisine se trouvaient des Texans et des Allemands. Les Texans étaient là depuis quelques jours déjà, rassasiés de visites, ils parlaient de Dallas. Les Allemands se taisaient, l'étonnement n'était pas encore passé, c'était leur premier jour.

Je commandai un autre verre de vin rouge du Golan, regardai l'horloge de la tour de la Terre sainte romaine éclairer la ruelle, le cloître franciscain à droite et le palais des croisés à gauche, Jérusalem dans sa muraille ottomane. L'horloge sonnait comme à la maison et divisait les heures de la nuit en quarts plus pragmatiques. En face, une lumière brûlait chez le docteur Nikos, le dentiste, j'espérais qu'il allait descendre et s'installer avec moi pour prendre un verre.

C'était le Hiérosolymite le plus joyeux que j'aie connu, toujours en route pour aller quelque part, toujours entouré d'amis, il se passait toujours quelque chose, il y avait toujours un endroit où on jouait de la musique. Et si la quantité d'histoires qu'on racontait sur quelqu'un était à la mesure de sa célébrité, lui en avait une authentique, dans le quartier. Dès que je prononçais son nom, j'entendais un nouvel épisode. Paul, le franciscain, me raconta qu'il était allé un jour chez le docteur Nikos pour un mal de dents, celui-ci avait voulu l'anesthésier et lui arracher une dent sur-le-champ. Mais il n'y a pas de siège libre, objecta Paul. Pas de problème, lui signifia le docteur Nikos, il pouvait s'allonger par terre. Et il demeura allongé longtemps car l'anesthésie n'agissait pas. Le docteur Nikos augmenta la dose en plusieurs étapes jusqu'à ce que Paul prenne la fuite, tenaillé par la douleur et la dureté du sol de pierre. D'autres patients racontaient que le docteur les avait laissés sur le siège de dentiste la bouche ouverte, il avait quelque chose à finir et s'était absenté une demi-heure. Mais tous juraient que c'était un dentiste hors pair.

Ce n'est que peu à peu et après bien des hésitations que j'appris l'histoire se dissimulant sous ces joyeuses anecdotes. Il adorait le football et avait créé une équipe de jeunes où le plus important était que chrétiens, juifs et musulmans puissent jouer ensemble. Elle portait le nom assez inhabituel de FC Saint-Dimitri et voici pourquoi : la femme de Nikos attendait un enfant, la grossesse était avancée, déjà, quand au cours de la deuxième Intifada, une grenade lacrymogène explosa près d'elle. Elle perdit l'enfant. « L'incident en était-il la cause ? Ce n'est pas sûr, me dit-il, les médecins en firent l'hypothèse mais je ne sais pas. » Peu après, un jour où il y avait de nouveaux troubles dans la rue, il voulut sortir. Sa femme avait peur et lui dit de n'en rien faire. Il sortit cependant et tomba sur des jeunes en train de s'attaquer à des voitures. Il s'adressa à eux.

« Pourquoi vous faites ça ?

– Parce qu'on n'a rien d'autre pour s'amuser.

– Qu'est-ce qui vous ferait plaisir ?

– Jouer au football.

– Et pourquoi vous ne jouez pas ?

– On n'a pas de ballon. »

Il leur donna de l'argent pour s'acheter un ballon et promit de les entraîner. Ainsi naquit cette équipe. L'enfant que sa femme avait perdu devait être un garçon, poursuivit-il. « Je voulais l'appeler Dimitri, comme son grand-père, et comme le saint. Alors j'ai baptisé l'équipe Saint-Dimitri. »

Nikos m'avait conté cette histoire quelques jours auparavant. J'y pensais en levant les yeux vers sa fenêtre éclairée. J'aimais ses volets de fer-blanc. Eux et le baldaquin de même métal, au-dessus du balcon de Nikos, étaient peints en bleu, le bleu des tables et des chaises vacillantes, des coupoles d'églises sur les îles de la mer Égée.

Il régnait un véritable calme, à présent. De temps en temps, les derniers couples, des groupes de pèlerins tardifs qui rentraient. Maintenant le céramiste fermait son atelier. Il avait belle allure, une bonne situation, de la bonne marchandise, un bel argent, pouvait-on penser. Le céramiste aussi avait son petit secret, que j'appris entre-temps. L'atelier appartenait à la seule famille arménienne de Jérusalem qui avait arabisé son nom, autrefois, ce que les familles qui ne l'avaient pas fait lui reprochaient encore.

Je pensais à Elia, arménien, lui aussi. Les ancêtres du céramiste avaient changé leur nom. Elia n'avait même plus de nom quand il avait pu s'enfuir à Jérusalem, juste la vie nue. Jérusalem avait été sa chance. Là il était devenu le photographe de la Jérusalem d'avant-guerre. Ses sobres photos en noir et blanc avaient atteint une certaine renommée depuis que je lui avais rendu visite, il y a des années, dans le petit bureau au-dessus de son magasin de la Via Dolorosa. L'adresse n'aurait pu être mieux choisie. L'histoire de sa vie, que l'homme âgé m'avait racontée autrefois, contenait toute l'amertume arménienne mais aussi la lumière qui tombe sur les ténèbres pour consoler de l'épouvante.

Cette heure avec lui était bien lointaine, il était mort peu après, la dernière année de son siècle cruel, en 1999. Et pourtant j'avais certaines choses devant les yeux aussi nettement que s'il venait de me les raconter. La fuite d'Urfa, les nombreux morts, les assassins à leur poursuite. Puis le moment où sa mère eut la force surhumaine de confier son garçon de cinq ans à un homme totalement étranger, sachant qu'il en ferait son esclave mais sachant aussi qu'elle n'échapperait pas aux poursuivants, qu'elle serait tuée aussi sûrement que le reste de sa famille. Aussi donna-t-elle son Elia à ce Kurde, et tout se passa comme elle l'avait pressenti. Elia devint esclave, et elle fut tuée.

Et puis le soufflet. Elia devait l'actionner chez le Kurde, un forgeron, jour après jour. Et puis la faim. La tentation de devenir cannibale, certains n'y résistaient pas. Et puis

Jérusalem, le salut. Un orphelinat et un professeur qui faisait de la photo, là-bas, Elia se montrait intéressé et adroit, il le prit comme assistant. Ayant reconnu le talent du jeune orphelin, il lui transmit ce qu'il savait. La passion d'Elia pour la photographie s'embrasa.

Sa patrie, la ville d'Urfa en Anatolie orientale, il ne la revit jamais, ses parents avaient été assassinés, une famille entière de cent soixante membres avait été exterminée. Tout un temps de sa vie, Elia avait cru être le seul à avoir survécu au génocide des cent soixante membres de sa famille, ce n'est que bien plus tard qu'il découvrit la deuxième survivante, sa sœur, devenue vieille, à Alep.

Enfin, il y avait l'histoire du nom. Elia avait cinq ans quand le massacre s'abattit sur sa famille et sur son peuple, quand il perdit tout, y compris le nom de sa famille. Il ne le savait plus à l'époque où il était esclave. Quand il grandit, qu'il put fuir et qu'il eut besoin d'un nom de famille, il se reposa sur un souvenir – l'arôme du café. Cela sentait le café, à la maison. Ses parents, peut-être son père, aimaient le café. Et s'emparant de ce souvenir précieux, il en fit un nom à partir du mot arménien signifiant « café ». Kahvedjian. Ainsi s'appelait l'homme qui m'avait raconté sa vie. Elia Kahvedjian.

Son fils avait pris la suite de l'affaire familiale et je lui rendis naturellement visite. C'est lui qui avait tiré les photos d'Elia de l'oubli. Elles aussi avaient été sauvées, comme Elia. « Mon père avait eu l'idée, avant la guerre, de faire imprimer des cartes postales à partir de ses photos pour les vendre aux touristes. Il possédait déjà plusieurs boutiques, le magasin principal se trouvait à Jérusalem-Ouest. Pendant la guerre israélo-arabe de 1949, le front passait devant notre porte et, comme beaucoup, nous avons dû partir et tout laisser. Depuis nous sommes ici, dans la vieille ville. »

Elia avait empaqueté ses photos dans sa fuite, et parce que, dans la confusion de ces années, on ne pensait ni aux touristes ni aux cartes postales, elles avaient été oubliées. « J'ai retrouvé la caisse poussiéreuse bien plus tard. J'ai compris ce que j'avais entre les mains et j'ai convaincu mon père de publier enfin son œuvre, après toutes ces décennies. »

Émergea alors tout un monde – la Jérusalem d'avant la guerre, arabe, chrétienne, bédouine, juive, sous domination britannique. Trois cheikhs musulmans aveugles bivouaquant devant la mosquée al-Aqsa. Des Samaritains à la barbe peu soignée, avec les rouleaux de la Torah. Cireurs de chaussures à la porte de Jaffa. Ramasseurs d'olives, moines, diseurs de bonne aventure, caravanes. Pèlerins à genoux sur la Via Dolorosa. Gitanes dansant dehors, dans le désert. Marché aux moutons dans le bain des patriarches, cette friche bourbeuse sous la fenêtre de ma première chambre. Et ces hommes qui mangeaient leur houmous en 1935 n'étaient pas très différents de ceux qui mangeaient leur houmous aujourd'hui, au marché de Musrara. Sur une photo de l'église du Saint-Sépulcre, je découvris l'échelle, sur la façade, que personne n'avait le droit d'enlever et qui se trouvait encore là aujourd'hui. Elia avait pris la photo en 1926.

Le fils continuait de se consacrer à l'œuvre du père. Il faisait faire des reproductions qu'il vendait dans sa boutique aux amateurs du monde entier, et il avait édité un volume. Le titre qu'il lui donna était aussi simple qu'orgueilleux : *Jerusalem through my father's eyes*. Ce que nous voyons aujourd'hui de la Jérusalem ancienne, nous le voyons à travers les yeux d'Elia. La ville l'avait sauvé, et lui, avait sauvé sa mémoire à son tour.

Existait-il une seule maison sans histoire ? J'aurais pu passer mes journées à écouter les destinées qui vivaient derrière les murs du quartier chrétien, je le faisais, parfois. Souvent il suffisait de m'asseoir, le soir, chez l'Arménien.

Pendant que le fils d'Elia m'écrivait une dédicace sur le livre, je contemplais la photo, au mur de sa boutique. Elle montrait trois générations ; Elia, par qui tout avait commencé. Son fils, qui avait tiré l'œuvre de son père de l'oubli. Et le fils du fils, le petit-fils d'Elia. Trois hommes qui se tenaient côte à côte, regardant droit l'objectif – la victoire sur l'horreur et les ténèbres.

Je demandai au fils d'Elia si son fils reprendrait le commerce et la tradition. Il secoua la tête et j'entendis l'histoire souvent entendue.

« Mon fils est parti en Amérique.

– Mais votre affaire marche bien, lui non plus n'avait pas de perspective, ici ?

– Non, ce n'est pas ça, tout allait bien, il avait du travail et une maison à lui.

– Que s'est-il passé ?

– L'amour. Il a rencontré une Américaine, ils se sont mariés et ils vivent en Amérique maintenant.

– Ils auraient pu vivre ici. »

Il secoua de nouveau la tête.

« Non, sa femme n'aurait pas eu de *Jerusalem ID*. Ils ne peuvent vivre qu'en Amérique. »

C'était donc ça – *Jerusalem ID*, appelé aussi *blue ID* en raison de sa couleur. Ce passeport spécial pour les Hiérosolymites non israéliens leur donnait le droit de vivre ici, dans leur ville. Un passeport, moitié bon, moitié mauvais. Quand on possède le *blue ID*, on est à mi-hauteur de l'échelle progressive qui mène à la nationalité israélienne. On est au-dessus des habitants de Cisjordanie car on a le privilège de pouvoir vivre à Jérusalem, de se déplacer dans tout le pays et même de voyager à l'étranger. En même temps, le Hiérosolymite qui a la carte bleue se trouve en dessous de l'Israélien qui dispose de la nationalité en bonne et due forme.

C'était flagrant quand il s'agissait de voyager à l'étranger ou d'épouser quelqu'un en dehors de la ville. Presque tous ceux que je rencontrais avaient une histoire à ce sujet. Certains avaient perdu leur droit de vivre dans Jérusalem parce qu'ils étaient partis pendant un temps. D'autres n'avaient jamais obtenu le passeport bien qu'ils aient épousé un Hiérosolymite, parce qu'ils venaient de l'extérieur de la ville et n'avait pas le droit d'emménager chez leur conjoint, dans la zone bleue. Des couples mariés qui avaient du mal à se retrouver. Des enfants qui quittaient leurs parents et leur patrie parce qu'ils étaient tombés amoureux de quelqu'un de Bethléem ou de Boston. Histoires d'une démoralisation.

Mais Elia ! Son histoire aurait pu avoir une *happy end*, aurait pu devenir un psaume. Jérusalem, la haute, qui m'a sauvé de l'extrême misère et du danger, je veux te louer, et mes enfants et les enfants de mes enfants doivent entonner des chants de remerciements jusqu'à telle génération. Une dynastie de photographes de Jérusalem sur trois générations, au moins. Aurait pu, aurait pu, aurait pu – le psaume s'interrompait, le vin du Golan avait été bu jusqu'à la dernière goutte, et le docteur Nikos ne viendrait pas. Je rentrai chez moi.

Dans la nuit je fus réveillé par un fort grondement. Au-dehors, des choses volaient à travers les airs, ça gueulait, sur le toit, ça courait en poussant des hurlements. Sautant à bas du lit, j'ouvris la porte, je sortis et en quelques secondes je fus trempé. Le ciel se déversait au-dessus de Jérusalem. La nuit était si épaisse que je ne voyais pas la maison d'en face, à quelques pas. La pluie tant désirée, la ville s'abandonnait à elle, et moi non plus je n'étais pas pressé de rentrer car c'était une pluie chaude. J'eus de l'admiration pour la Jérusalem ancienne et pour la sagesse de son architecture – au-dessus de nous, la tempête faisait rage et ici, en bas, la ville récoltait son bien, une pluie dispensant la vie.

LE PANIER DU PATRIARCHE

Un patriarche de Jérusalem dépouillé de son office et emprisonné, depuis, dans son propre patriarcat, grec orthodoxe – j'avais du mal à croire ce qu'on me racontait car ce n'était pas une histoire issue des siècles lointains, elle se déroulait, m'assurait-on, en ces jours et dans cette ville. Et comme il en va avec les histoires incroyables, elle en engendrait de nouvelles. Frère Paul m'emmena sur le toit de « Terra Santa » et me montra celui du patriarcat grec. Là-haut, jusqu'à récemment, il y avait une petite maison d'été, les frères supposaient que le séjour aérien du patriarche déchu se trouvait à l'intérieur. À présent, la petite maison n'était plus et ils ne savaient pas dire où était détenu le malheureux.

Lorsque peu après je rendis visite au moine dans son cloître, j'entendis cette autre curieuse anecdote. En haut du bâtiment du patriarcat est suspendu un panier, le prisonnier le fait descendre de sa fenêtre, de temps en temps, et ses derniers partisans y placeraient de la nourriture ainsi que des petits cadeaux. J'avais une grande confiance en ces deux informateurs, mais la chose paraissait trop délirante. Je cherchai en vain du regard un tel panier – jusqu'à ce qu'un jour, je lève les yeux par hasard.

Il était là, indiscutablement – un panier à anse accroché à une petite potence devant une fenêtre ouverte, à l'étage le plus haut du patriarcat. Qu'est-ce que c'est, demandai-je au céramiste devant la boutique duquel je m'étais arrêté, le panier du patriarche déchu ? L'homme fit un signe négatif. Non, non, là-haut vivait un vieux prêtre qui avait du mal à monter l'escalier, alors on lui mettait de temps en temps du pain et du fromage, dans ce panier. Et il retourna à ses grenades pour mieux les arranger. Ah ah, dis-je, merci du renseignement, tout en étant tenté de n'en pas croire un mot.

Jérusalem du point de vue immobilier, telle était la question, m'expliqua le moine à qui je contai mon expérience. La vieille ville était en grande partie la propriété d'Églises et de fondations religieuses, avant tout de l'Église orthodoxe grecque. « Elle passe pour le plus grand propriétaire de Jérusalem, suivie de nous, les catholiques, et des Arméniens – un héritage de l'Empire ottoman qui privilégia fiscalement la propriété musulmane mais aussi celle des chrétiens. Ainsi de nombreux croyants ont-ils légué leur maison ou leur terre, au cours des siècles, à leur Église. »

La piété, la volonté des fidèles d'économiser des impôts et la tendance cléricale à l'accumulation s'étaient complétées au mieux, dans la Ville sainte. Une fondation musulmane avait en main le mont du Temple et d'autres terrains du quartier musulman. Au patriarcat arménien appartenait, de façon étonnante, non seulement le quartier arménien dans ses murs, mais un petit morceau de la partie occidentale de la ville, encore aujourd'hui. En regardant avec attention, on découvrait sur les blocs d'immeubles en face de la porte Neuve d'anciens noms de firmes arméniennes, et le bail des nombreux cafés, là-bas, allait au patriarcat arménien. Dans le quartier chrétien, le signe grec ou romain, indice de la propriété, n'était pas en quantité négligeable, et surmontait maintes entrées. Il signifiait « cette maison appartient au patriarcat orthodoxe ou latin ».

Il fallait le savoir, poursuivit le moine, pour comprendre la guerre silencieuse qui régnait ici, le combat secret, maison par maison. Car les patriarches de Jérusalem avaient indéfectible- ment conservé les propriétés religieuses qui leur avaient été confiées et, là où cela avait été possible, les avaient multipliées au fil du temps. Sans leurs propriétés, les chrétiens n'étaient rien. Cette position dans la Ville sainte était comme une cau- tion terrestre en échange d'une part spirituelle – comme elle avait été un gage, au temps des califes et des sultans qui ne s'étaient pas toujours montrés bienveillants envers les chré- tiens de leur royaume. Rien ne devait être vendu, absolument rien, telle était la règle. Les catholiques s'y tenaient stricte- ment, assurait le moine, et Charly Effendi m'avait affirmé la même chose en ce qui concernait les Arméniens : « Pas un centimètre carré ne sera vendu ! »

De l'autre côté se trouvaient les colons. Ils voulaient pré- cisément ce que les Églises défendaient avec une telle obsti- nation – la terre. Ils ne s'installaient pas seulement dans les étendues désertiques de Judée, ils le faisaient aussi à Hébron et en premier lieu à Jérusalem. Je me souvenais de ce qu'Ada m'avait dit – soixante maisons des quartiers chrétien et musulman se trouvaient déjà entre leurs mains.

Jérusalem comme bien immobilier, mais un bien immobi- lier paradoxal. Les affaires se faisaient autrement que partout ailleurs dans le monde. Il ne s'agissait pas de gagner de l'argent avec l'immobilier, il s'agissait seulement d'amasser de la terre, l'argent étant un moyen en vue de cette fin. Ce n'était pas la soif d'argent qui en était le motif, mais la faim de terre. Sur les colons, à Jérusalem, couraient des histoires encore plus folles que celle du patriarche prisonnier. Tout leur était imputé, la peur à leur égard était omniprésente, et ce que déclamait le chœur des lamentations à plusieurs voixsonnait à peu près ainsi :

Ils sont armés, ils en ont déjà tué un certain nombre, tu ne peux rien contre eux. Ils sont très riches, pour une maison dans le quartier chrétien ou arabe ils peuvent payer n'importe quel prix. Ils sont très dangereux car ils sont parfaitement informés – sur les maisons, les conditions de propriété, sur les faiblesses des propriétaires. Ils ont des gens qui font des recherches. Ils vont chercher jusqu'en Turquie de vieux documents ottomans, en quête d'une clause oubliée qui les aide à reprendre possession d'une maison. Ils s'efforcent de trouver le point faible. Le propriétaire est-il endetté ? Est-il vieux et malade ? Son fils est-il drogué ? Ils te font une offre comme tu n'en a jamais eu et comme tu n'en auras plus jamais de ta vie. Ils posent le contrat de vente devant toi, tu peux inscrire n'importe quelle somme, ils acceptent presque toujours. Ils ne sont pas pressés, ils ont le temps. Et ils ont leurs gens, des Arabes, aussi. Un Arabe de Galilée achète ta maison, rien d'un colon, penses-tu, tu le jurerais sur ta vie. Et un peu plus tard, l'Arabe de Galilée vend la maison à un Arabe d'Abu Dis, qui la vend à un Arabe de Silwan et ainsi de suite. Ce n'est que le cinquième Arabe qui, au bout de cinq ans, vend ta maison à un colon. Et tu pourras dire : je n'avais aucune raison de penser que ma maison irait à un colon, je l'ai vendue à un Arabe de Galilée il y a quelques années, ce qui est arrivé après, je n'en sais rien. Ou ils te disent : tu es malade et tu n'as plus très longtemps à vivre. Regarde, on verse le produit de la vente sur un compte à ta disposition et on ne fait usage de notre droit de propriété qu'après ta mort, ainsi tu n'auras pas de problème avec tes amis arabes et tu auras encore de belles années à vivre. Ou tu es en bonne santé et tu as encore longtemps à vivre, ils te procurent un passeport pour un pays lointain, quelque part dans le monde, et tu disparais dans la nuit avec un tas d'argent. Ou ils font un grand show. Quarante colons armés font irruption dans ta maison à trois heures du matin, te mettent dehors, et tu te retrouves à la rue en pyjama, et tu cries : « Ils m'ont jeté dehors, ils ont plaqué ma femme contre le mur, ils ont tiré mes enfants du lit, au secours, au secours ! » Et un jour on découvre, après plusieurs années, que l'homme qui criait en pyjama dans la rue en pleine nuit avait vendu à un colon – du pur spectacle. Rien que pour le protéger, car l'Arabe qui vend à des colons vit dangereuse-ment. À l'un d'eux on a dit : « On te croit, d'accord, les colons t'ont roulé, viens nous voir en Cisjordanie. » Et il y va, soulagé que tout se soit bien passé, et sa voiture disparaît en fumée. Ou les colons creusent des tunnels pour aboutir sous la maison qu'ils veulent avoir, des tunnels qui provoquent des fissures, ça va vite ici, le sous-sol de Jérusalem, constitué des ruines de la Jérusalem ancienne, est poreux, plein de décombres – et puis il faut malheureusement évacuer la maison car elle risque de s'effondrer. Peu après, c'est leur maison. On croit les colons capables de tout, vraiment de tout.

Quand je demandais aux gens qui me racontaient ces his-toires : vous l'avez entendue ou vous l'avez vécue, ou vous connaissez quelqu'un qui l'a vécue, on me disait : demande à untel ou à untel. Chacun me semblait en savoir quelque chose, mais peu en avouaient une connaissance précise. Cette guerre secrète ne se remarquait pas, à Jérusalem, elle se livrait en silence avec de l'argent, des avocats et des hommes de paille. Quand on voyait quelque chose, quand soudain des drapeaux flottaient sur une maison, qu'il y avait des hommes en armes, il était trop tard, la guerre secrète pour cette maison, qui avait peut-être duré des années, était terminée et avait été gagnée par les colons.

Quant au patriarche déchu et comme disparu de la surface de la terre, lui aussi était tombé dans une guerre immobilière silencieuse. Si j'écartais les suppositions et les bruits, deux possibilités demeuraient ; la première : par une action hardie et restée sans exemple dans l'histoire de cette Église, la haute hiérarchie orthodoxe avait décidé de déchoir l'un des siens, le patriarche de Jérusalem. La deuxième : cette action était visiblement en rapport avec une affaire immobilière concernant les colons. Et il ne s'agissait pas de n'importe quelle maison, cette fois – c'était un joyau qui aurait été retiré à la couronne chrétienne de la ville de Jérusalem, un hôtel autrefois célèbre à la porte de Jaffa qui devait changer de propriétaire.

Je connaissais l'hôtel, il se trouvait près de l'auberge où j'avais habité les premières semaines. Après l'étrange visite qui avait eu lieu là-bas, j'avais demandé à Charly Effendi s'il croyait que mon auberge se trouvait dans le collimateur des colons. Non, avait-il dit, d'après ses renseignements ce n'était pas le cas, il s'agissait pour l'heure du grand hôtel d'à côté. Il me conseilla de rendre visite à quelqu'un qui serait certainement au courant, un homme respecté chez les Grecs, qui avait la confiance de leurs évêques et de leurs patriarches.

Je me rendis chez l'homme et laissai retomber le heurtoir de laiton sur la porte. On m'accueillit aussi à l'ancienne, le maître de maison, en haut de son escalier, tira un cordon. La porte s'ouvrit avec un léger déclic. Le docteur John semblait fragile, courbé par l'âge, vieux et solitaire dans sa maison. Charly Effendi l'appelait le dernier Grec, ce n'était pas tout à fait exact, j'avais fait la connaissance de plusieurs derniers Grecs, mais je comprenais à présent ce qu'il voulait dire – le caractère héroïque d'un homme dont on dit qu'il est le dernier de son espèce. Dans ces yeux, dans ce petit corps courbé par l'âge, brûlait encore un feu. Nous sommes allés au salon. Depuis sa fenêtre il voyait jour après jour l'étonnant panier suspendu – lui, cet homme flamboyant.

« Par cette fenêtre, dit le docteur John, j'ai vu le XXᵉ siècle passer et repartir. Sous cette fenêtre je me suis couché quand un commando israélien combattait avec violence dans la ruelle. Je les ai tous vus venir, soldats, pontifes, présidents. Ah, je parle mais tout est dedans. » Il me fourra un livre épais entre les mains – le titre ne pouvait être plus fier : *I am Jerusalem*. Il en était l'auteur. Il était Jérusalem.

Il parlait, j'écoutais. Il me conduisit à travers ses souvenirs et ses pensées comme un prince baroque montre son cabinet des merveilles à un invité. Au fur et à mesure de son récit, je compris qu'il faisait un discours ; quant à savoir qui parlait, ce n'était pas difficile. Le titre de son livre répondait à cette question.

« J'ai connu Jérusalem quand c'était encore une petite ville, une petite ville sainte. Maintenant c'est une grande ville. Et alors ? Jérusalem ne pense pas en années mais en millénaires. Tous ceux qui sont venus, où sont-ils ? Partis ! Romains, Byzantins, croisés, Ottomans, Britanniques, ils sont tous repartis. Aucun de ses nombreux conquérants n'a respecté Jérusalem, c'est pour cela qu'ils ont dû s'en aller à un moment ou à un autre. Jérusalem est une vieille dame, vieille de quatre mille ans, une dame aux cheveux gris. Maintenant ils arrivent et ils veulent embellir la dame, la dépoussiérer, la faire paraître jeune. Elle n'aime pas ça, elle n'aime pas du tout, ça la met en colère. Il ne s'agit pas de politique. Ils ne comprennent pas Jérusalem, voilà le problème. Ils veulent en faire une chose qui n'existe pas. »

Il sauta quelques millénaires. « Nous autres chrétiens, nous sommes à moitié juifs, notre religion est construite sur la leur. Salomon a bâti le premier Temple, il a été détruit. Hérode a bâti le deuxième, il a été détruit. Maintenant certains juifs attendent le troisième Temple. Mais il est déjà là. C'est l'église du Saint-Sépulcre. » Il eut un rire enflammé, électrisé par la logique de sa pensée. « S'il devait y avoir un jour un troisième Temple, je me convertirais aussitôt au judaïsme. »

Il poursuivit après une pause. « On veut faire de Jérusalem une ville européenne maintenant. Mais Jérusalem n'est pas une ville européenne. Jésus n'est pas venu à Londres ni à Paris, il est venu ici, est-ce si difficile à comprendre ? » Il secoua la tête. « Quand nous pleurons, à Jérusalem-Ouest ils se réjouissent. Quand nous rions, ils pleurent. Les sentiments sont si divers. Je vais vous dire quelque chose. Je préfère les *haredim* aux sionistes. »

Je voulus intervenir mais je m'en abstins. On pouvait voir les choses ainsi. On pouvait faire beaucoup de reproches aux *haredim*, aux ultra-orthodoxes, mais pas de ne pas avoir le sens du sacré de la Ville sainte, certainement pas. J'aurais aimé qu'Ada soit là, celle qui avait appelé miracle ce qui était pour lui une horreur – l'européanisation, un lieu européen comme le Mamilla Mall, une ville sainte purement désacralisée.

Le docteur John alla au fond des choses. « Les Israéliens ont un bon côté : quand ils voient quelqu'un qui en sait plus qu'eux, ils viennent l'écouter. Pas les Arabes. Les historiens israéliens viennent à moi pour poser des questions, les historiens arabes, jamais. » Il alla plus au fond encore. « Je ne suis pas trop croyant. Mais j'aime prier chaque matin, dire les vieux psaumes, surtout. » Il en était arrivé aux choses ultimes. Charly Effendi m'avait dit qu'il laissait la lumière allumée, la nuit, pour ne pas mourir dans le noir. L'obscurité ne le laissait pas en paix. Il parlait comme si je n'étais pas là, il se parlait à lui-même, s'enfonçant de quelques centimètres supplémentaires dans une foi qui luisait faiblement. « Je me dis, s'il n'y a pas de vie après la mort, si nous mourons tous comme les chats, les chiens et les poules, alors il n'y aurait pas besoin d'une terre. Si ce n'est que pour s'amuser quelques jours durant la vie et qu'ensuite tout soit fini – à quoi bon une terre, un monde, tout ce théâtre de l'histoire et des hommes ? Tant de malheur, tant de larmes. Pendant que nous parlons ici, il y a des réfugiés qui se noient dans la mer. »

Il s'arrêta et je saisis l'occasion, cette fois, pour poser une question. La Jérusalem qu'il aimait survivrait-elle au monde moderne qui était sur le point d'imprégner en profondeur cette drôle de Ville sainte, cette exception unique au monde ?

Il me regarda. « Jérusalem a survécu pendant deux mille ans à toutes les destructions. » Il remonta de nouveau le temps. La meilleure époque avait été celle du mandat britannique. « Et la plus paisible, celle de la Seconde Guerre mondiale – pourquoi vous me regardez ainsi ? Je sais que c'était partout la guerre, mais ici, à Jérusalem, les années de 1939 à 1945 furent un âge d'or, les guerres, les divisions de la ville, tout est arrivé après. » Sous les Jordaniens, de nombreuses maisons avaient été détruites, d'autres avaient été prises par les Arabes, et sa véritable demeure familiale, une grande et belle maison de Jérusalem-Ouest, c'étaient les Israéliens qui l'avaient détruite. « C'est là que nous avons dû fuir, en 1948, dans la vieille ville, dans cette maison. Elle est longtemps restée pleine de réfugiés, nous la partagions avec eux. »

Il parla des célébrités qu'il avait rencontrées au cours de sa longue vie. Papes, présidents, patriarches. Il conservait sa correspondance avec eux, des photos, des lettres, des documents, il m'en montra quelques-uns, mais il en était déjà à un petit bijou de sa collection de toute une vie. « Vous connaissez sainte Égérie ?

– La nonne qui fit un pèlerinage à Jérusalem autour de l'an 400 ?

– Celle-là même. Ce qu'elle décrit existe encore. Quand j'étais jeune, je voulais écrire un livre comme elle. Pas sur ce qui est nouveau – sur ce qui est resté. Vous savez, je ne crois pas aux enfants. En l'espace de cinq cents ans, personne ne sait qui fut son arrière-arrière-grand-père ni son arrière-arrière-grand-mère. J'ai quatre neveux, ils savent à peine qui je suis. Tout est mortel. » Il s'était éloigné de nouveau. « La mortalité est plus forte. »

Sa fenêtre sur le monde était une vaste pièce en encorbellement comme il n'y en avait guère dans la vieille ville. On remontait la ruelle des Grecs depuis les profondeurs du quartier chrétien et on arrivait à cette pièce d'où il avait vu remonter rois et soldats, et dans laquelle nous étions assis maintenant. Sa maison était une archive. Aux murs étaient accrochées les photos des célébrités qu'il avait connues, juives, chrétiennes, musulmanes. Il était vieux maintenant.

« Quelque chose me tient – il continuait de dérouler ses pensées –, il doit y avoir une force qui me tient. Beaucoup viennent à moi pour me poser des questions. Je ne jette jamais rien. C'est une bonne maladie. Parfois je ne le supporte plus. Je suis tombé il y a trois jours. J'aurais pu partir. Je suis encore là. Sinon vous n'auriez pas pu me rencontrer, incroyable, non ? »

J'avais encore une question, celle du panier qu'on voyait si bien de la pièce en encorbellement du docteur John. « Oui, dit-il, le vieux patriarche est toujours dans ce couvent. Il pourrait sortir mais il n'ose pas, de peur d'être agressé dans la rue ou de ne pas pouvoir retourner au couvent. Ce ne serait vraisemblablement pas le cas. Il est encore moine, on lui a retiré les plus hautes dignités mais pas l'ordination, il peut donc rentrer au couvent, on ne peut pas l'en exclure. »

Il s'interrompit pour poursuivre sur un autre ton. Parlant tout en réfléchissant, il éleva la voix et admonesta l'invité trop curieux : « Ne soulevez pas cette affaire ! Elle est toujours devant la justice. Quelqu'un s'est rendu au patriarcat, il était question de l'hôtel à la porte de Jaffa, mais ce quelqu'un ne dit pas que ce sont les colons qui attendent en embuscade. » Le docteur John me lança un regard direct. « C'est la boîte de Pandore ! Vous savez ce que c'est, la boîte de Pandore ? » Je hochai distraitement la tête. Je savais maintenant que je n'en apprendrais pas plus sur le mystère du patriarche invisible, pas par le docteur John. Mais peut-être par l'homme qui dirigeait encore cet hôtel si disputé.

UN NOBLE ARABE

Je montai l'escalier jusqu'au premier étage de l'hôtel pour trouver la réception vide et la porte du bureau de l'hôtelier, ouverte. Je reconnus l'homme assis à son bureau. Il me frappait, le matin, quand il passait la porte de Jaffa dans son élégant manteau couleur peau de chameau, avec ses cheveux blancs coiffés en arrière, son visage grave et étroit, sa démarche. Les autres se pressaient, lambinaient, allaient à pas lourds. Lui, il marchait. Tous les Hiérosolymites connaissaient son nom de famille et même le touriste le plus innocent n'y échappait pas, c'était celui d'un des magasins d'antiquités les plus distingués de la ville.

Parce qu'il aurait été impoli d'en venir directement au fait, nous avons commencé par nous entretenir de choses plus lointaines. Il me conduisit près d'un grand dessin en filigrane sur lequel figurait une inscription en arabe. « C'est notre arbre généalogique, il n'y a que les hommes. » Il désigna un minuscule point rouge sur la ramure luxuriante – un petit grain sur la cime finissante d'un arbre aux feuilles et aux branches innombrables. « C'est moi. »

L'arbre généalogique embrassait les sept cents ans hiérosolymites de sa famille. « Nous sommes venus du Maroc.

Depuis lors, depuis sept cents ans, nous jouons un certain rôle ici. Mon père a discuté des affaires de Jérusalem avec Abdallah de Jordanie avant que le roi n'ait été abattu devant la mosquée al-Aqsa par un Palestinien, comme vous le savez. Le roi était le seul dirigeant arabe à avoir reconnu le plan de partition de l'ONU pour la Palestine. »

Il continua de parler d'événements et de figures historiques de façon personnelle, comme d'autres, de leurs cousins et cousines, il glissait sans transition de l'histoire du monde aux souvenirs de ses aventures d'enfant pour revenir au monde. « Quand j'étais petit, mon oncle connaissait une grotte, sous la tombe du roi David, sur le mont Sion. Elle menait assez loin, sous la ville, jusqu'à d'autres grottes ; par les souterrains on pouvait arriver jusqu'en dessous du centre de la vieille ville. Vous savez, la terre sur laquelle se trouve la Terre sainte romaine nous appartenait. Nous l'avons vendue aux franciscains il y a quatre cents ans. » Sa famille était aujourd'hui dispersée à travers le monde. « Je ne les connais pas, pour la plupart ; ils sont des milliers. Maintenant venons-en aux choses d'ici. »

Il me donna sa version de la bataille autour de son hôtel, concise et précise, comme quelqu'un qui ne raconte pas cette histoire pour la première fois. « Voilà : pour eux c'était déjà à 90-95 % dans la poche. Ils donnaient un dernier tour de vis et c'était presque fait, il ne manquait que l'ultime geste. Je suis musulman, mais je ne suis pas un bon musulman. Mon rapport à la religion n'est pas terrible. Mais mon rapport à Dieu est bon. Dieu est mon ami. Je sais, je suis sûr qu'il m'a sauvé. Vous savez les cauchemars que j'ai ? À quel point je dors mal ? Ils ont essayé de me sortir de mon hôtel par tous les moyens. Je suis un *protected tenant*, vous savez ce que c'est ? »

J'en avais une idée, Charly Effendi m'avait expliqué que, dans la vieille ville, c'était le droit habituel de la construction qui prévalait quand il s'agissait de maisons propriété de l'Église. Le *protected tenant* paie une somme assez importante à l'Église en une fois et acquiert de ce fait, sur le long terme, l'usufruit légalement protégé de la maison, dont le propriétaire occulte reste l'Église.

Un montage qui bénéficie à toutes les parties. L'Église a la garantie que la nue-propriété lui sera conservée. Au *protected tenant* est donnée la certitude durable qu'il peut disposer de la propriété, gérer cette maison qu'il peut occuper lui-même ou louer. Et ce montage insuffle la vie dans la ville car l'Église pourrait difficilement occuper ses nombreux bâtiments ; ainsi surgissent des appartements, des magasins, des restaurants et des hôtels comme celui où je me trouvais, face à son *protected tenant*.

« Il y a dix ans, poursuivit-il, le directeur financier du patriarcat, un jeune homme de Grèce, un laïc, s'est enfui. Il avait pris de l'argent et avait disparu sans laisser de trace. C'était la première fois depuis des siècles qu'un laïc détenait une position aussi haute dans le patriarcat. Ils avaient manigancé en secret avec lui, établi des contrats, et s'étaient approprié mon hôtel. Et puis la chose fut découverte et le patriarche, déchu, telle est l'histoire.

– Eux, ce sont les colons ? »

Il me considéra comme si j'avais demandé si son bureau en bois était en bois.

J'avais une dernière question concernant le patriarche. Je la posai.

« Je suis allé le voir une fois, répondit-il. Je suis un homme simple, lui ai-je dit, pas un haut ecclésiastique comme toi, mais je suis un homme libre. Tu étais le patriarche de Jérusalem, le roi du monde. Maintenant tu es prisonnier dans ton propre couvent. »

Un homme libre – un homme heureux, qui pouvait en dire autant ? Comparé au patriarche, l'hôtelier s'en sortait bien. L'un était prisonnier dans son palais, l'autre, derrière son bureau de patron de l'hôtel, comme avant, mais pour combien de temps ?

« À qui appartient vraiment l'hôtel ? Qui est vainqueur dans ce combat, vous ou les colons ?

– L'affaire est encore devant la justice, ça va durer des années. Mon avocat est juif, c'est un homme bon, honorable. Ma famille avait des possessions à Jérusalem-Ouest, des maisons, des boutiques, on nous a tout pris en 1967. Je n'en parle plus, c'est terminé. Oublié. Mais qu'on veuille encore nous prendre ce qui nous reste ici, dans la vieille ville, que nos racines puissent être totalement arrachées, c'en est trop. Je me bats, mais ces gens-là ont le temps. Nous autres, êtres humains, nous sommes impatients. Ce que nous voulons, nous le voulons tout de suite. Eux non, ils ont de la patience. Ils peuvent attendre. Et je suis vieux. Ils attendent que la bougie se consume jusqu'au bout et s'éteigne. La bougie, c'est-à-dire moi. »

C'eût été une forte conclusion au petit discours qu'il m'avait adressé, mais il n'en avait pas fini, quelque chose lui tenait à cœur, qui devait être dit.

« Allez dans le quartier arménien, m'intima-t-il, frappez aux portes et comptez ceux qui ouvrent encore. Il y a beaucoup de maisons vides. Ensuite allez dans le quartier chrétien et comptez les jeunes que vous rencontrerez. La plupart sont vieux, les jeunes sont partis. C'est alors que ces gens-là arrivent – il les appelait toujours "ces gens-là", évitant de leur donner un nom quelconque – et vont voir les vieux pour leur dire : "Il y a cette loi, vous savez. Si vous mourez ou que vous êtes longtemps absent, votre maison revient à l'État. On regrette, ce n'est pas nous qui avons fait la loi, mais avant que ça ne revienne à l'État, ne préférez-vous pas recevoir quelque chose en échange et vivre agréablement le soir de votre vie ?" Puis ils offrent aux personnes âgées de l'argent, beaucoup d'argent, et ils s'emparent des maisons les unes après les autres. »

Il se renfonça dans son fauteuil et passa la main dans sa chevelure blanche. Il portait une chemise en jean qui lui allait bien, il aurait pu tourner dans un film publicitaire, avec son beau visage viril. Une publicité pour de belles choses viriles. Costumes. Voitures. Cigarettes. Il se tut un moment.

« Ce que deviendra Jérusalem, dit-il ensuite, ne dépend ni des musulmans ni des juifs, cela ne tient qu'aux chrétiens. La vieille ville appartient aux chrétiens, et non aux musulmans ou aux juifs. Ce qui se passera ici est en leur pouvoir. Et ils ne s'en soucient pas. Ils s'occupent de l'Afrique, de tout le reste. Où était Jésus, sur quelles pierres a-t-il marché, où se trouvait sa Croix ? En Afrique ? Tout s'est passé ici ! Les chrétiens ont oublié Jérusalem. Je le dis en tant que musulman. C'est triste. Jérusalem leur est indifférente. Qu'est-ce qui leur est arrivé ? Qu'est-ce qui leur est arrivé ? »

Un soir à la porte de Jaffa

Après l'avoir quitté, je fis quelques pas jusqu'à la porte de Jaffa et m'assis devant, sur le banc de pierre encore plein de la chaleur de la journée. Le soleil était bas dans le ciel, Jérusalem revêtait sa couleur désert. Une dame d'un certain âge, en robe noire, était assise près de moi, je l'avais brièvement remarquée et ne reconnaissais que maintenant en elle ma voisine du couvent. Elle venait là volontiers, comme moi, et pouvait aussi peu que moi s'arracher à la magie de l'heure, mais elle faisait malheureusement partie de ceux qui se sentaient obligés d'en parler.

Elle disait de belles choses, pacifiques. Elle ne nourrissait aucune haine envers les autres religions. Qu'ils soient musulmans ou juifs ou hindous, ils étaient tous enfants de Dieu à leur manière, disait-elle. Cela allait avec la lumière réconciliatrice du soir, avec l'atmosphère du moment, et pourtant cela sonnait comme une incantation.

Dans l'arc de la porte de Jaffa se trouvait fixée une petite capsule de métal, à hauteur de tête. Presque chaque Juif qui franchissait la porte l'effleurait brièvement de la main. Un vieillard le fit à l'aveugle, sans regarder, sa main le faisait d'elle-même. Une jeune fille souleva son petit frère pour qu'il puisse atteindre la capsule, il poussa un cri de joie en y parvenant. Je ne connaissais pas cet usage, ma voisine ne savait pas plus l'expliquer, aussi demandai-je à la femme qui venait de passer la porte en touchant la capsule. Beaucoup venaient du mur des Lamentations, à cette heure-ci, et rentraient chez eux, à Jérusalem-Ouest, parmi eux de nombreuses femmes, même jeunes, portaient la perruque dont les Juives pieuses couvrent leurs cheveux. Certaines, bon marché, étaient immédiatement reconnaissables, les plus chères, dont celle qu'elle portait, laissaient planer le doute. Elle me donna le renseignement avec amabilité.

« C'est une *mézouza*, vous en trouverez sur de nombreuses portes. Elle rappelle la dixième des dix plaies annoncées par Moïse à Pharaon afin qu'il laisse les Hébreux partir. En une nuit, tous les premiers-nés des enfants d'Égypte furent massacrés, le fils de Pharaon aussi. Seuls furent épargnés ceux dont les portes étaient peintes avec le sang d'un agneau sacrifié, ainsi Dieu l'avait-il ordonné à Moïse, ainsi avaient fait les Juifs – après cela, Pharaon les laissa partir. »

Je lui demandai de m'écrire le mot. *Mézouza*. Elle sourit avec indulgence.

« C'est shabbat.

– Pardon, bien sûr, mais vous pouvez peut-être me l'épeler.

– D'accord », dit-elle après avoir brièvement réfléchi.

Je regardai l'heure. Six heures moins dix, encore dix minutes et c'était la fin du shabbat. Elle prenait la loi à la lettre.

Le soleil disparut derrière les immeubles, à l'ouest, le banc de pierre était vide, ma voisine, rentrée au couvent, et moi aussi je désirais retourner entre ces murs comme en un siècle lointain, comme si la porte allait bientôt se fermer. Les mots planaient alentour comme des oiseaux de nuit, *Akedah*, le mot du taxi, *mézouza*, maintenant. Le fils d'Abraham attaché pour le sacrifice et sauvé au dernier moment par une intervention divine – et les fils d'Égypte massacrés, ceux des Hébreux, sauvés.

Je ne rentrai pas directement, je cherchai la montée vers le toit du monde – l'un de mes lieux préférés depuis longtemps, à peu près à l'endroit où le quartier arabe rencontre le quartier juif. Deux escaliers y conduisaient, je le savais, l'un métallique et l'autre de pierre, aucun d'eux n'étant facile à trouver, il fallait s'y connaître. J'errai jusqu'à ce que je trouve l'escalier métallique et je parvins sur le toit au moment de la dernière lumière.

La coupole dorée du dôme du Rocher venait de s'éteindre – je regardais son or s'émousser à partir de sa base, seule la pointe brillait, maintenant, puis plus rien. Elle était à présent presque aussi grise que sa sœur aînée, la coupole de l'église du Saint-Sépulcre. Sur le toit du monde, je m'étais allongé au soleil, seul avec le ciel et le caquètement des poules qu'un Arabe gardait là-haut, dans des cages posées de travers, seul comme la sentinelle juive dans ses chevaux de frise en barbelé qui protégeaient la maison de colons, en dessous. Une couverture de toits environ de la taille d'un terrain de football s'étendait sur cette coque nommée Jérusalem, sans une ruelle pour l'interrompre, les souks, en dessous, étant murés jusqu'en haut. Des coupoles surgissaient çà et là. Parfois des enfants montaient jouer sur le toit du monde. Ils couraient de coupole en coupole, les petits grimpaient sur les plus basses, les plus téméraires sautaient depuis les plus hautes.

Sous les coupoles se trouvaient les maisons, les ruelles et les souks, la surface irrégulière des toits recouvrait l'ensemble. De petites gaines et de tuyaux jaillissaient des sons et des bruits de repas provenant des ruelles, des maisons. La fumée d'une échoppe de *shawarma* en bas, dans le souk, les voix tremblantes de dessins animés sortant d'un téléviseur, des voix de femmes, des rires de femmes. Des vasistas grillagés offraient des aperçus sur les ruelles couvertes des bazars, en dessous de moi, ou sur une taverne où des hommes étaient assis sur des tabourets de raphia, buvant du café et aspirant le narguilé, ou sur l'intimité d'une cour secrète dont le passant du bazar n'avait aucune idée, qu'il ne verrait jamais.

Souvenirs. Rien n'était plus comme avant, sur le toit du monde, maintenant il se passait des choses. Une école talmudique s'y était installée, ses étudiants se promenaient, le toit du monde était leur cour d'école. C'étaient encore les plus tranquilles. On amenait là-haut toutes sortes de groupes, des classes, des touristes, des soldats, pour leur montrer cette carte vivante de la Jérusalem céleste et terrestre, qui avait été autrefois mon plaisir exclusif, secret. Ainsi en va-t-il des souvenirs. Il ne faut pas leur donner rendez-vous après des années et s'imaginer qu'ils vous attendent.

LE *MUKHTAR* DES COLONS

C'était un dimanche matin, j'étais assis à la terrasse d'un café du Muristan et dans la poche de mon pantalon se trouvait un billet sur lequel était griffonné non un troisième mot de l'époque de Moïse mais un numéro de téléphone portable. Je transportais ce papier sur moi depuis un moment déjà, un bout de journal arraché qui pourrissait lentement. Je le tirai de ma poche, jouai avec sans pouvoir me décider puis rappelai le numéro et n'obtins que la boîte vocale de l'homme dont était inscrit le nom – un nom qui suscitait la panique ou l'orgueil selon le quartier dans lequel il était mentionné.

J'aimais les dimanches à Jérusalem. Le samedi, déjà, la ville se remettait du super-vendredi. Les juifs observaient quant à eux leur shabbat sacré, mais les autres aussi étaient plus apaisés et le calme du samedi tenait jusqu'à ce moment, jusqu'au dimanche. Pour les juifs et les musulmans, cela ne signifiait rien, c'était un jour comme les autres, mais dans le cycle de la ville, le temps qui s'écoulait entre le début du shabbat, le vendredi soir, et le dimanche était une respiration, le retour au calme ; la bousculade et la hâte s'éteignaient et les gens allaient leur chemin plus tranquillement que d'habitude.

Le café devant lequel j'étais assis, indécis, se trouvait au rez-de-chaussée d'une imposante maison de colons. Tout le monde connaissait ce bâtiment assez grand, presque un palais, sous son nom ancien : Saint John Hospice. L'empereur Charlemagne, qui entretenait de bonnes relations avec le calife Haroun al-Rachid, avait eu le droit de construire un cloître de bénédictins et une église à l'endroit même où je buvais mon café. Les deux bâtiments furent rasés en 1009 par un autre calife, al-Hakim, qui détestait les chrétiens et qui anéantit toute la Jérusalem chrétienne, y compris l'église du Saint-Sépulcre, mais peu de temps après, des commerçants italiens érigèrent l'hospice Saint-Jean.

Puis les croisés arrivèrent et poursuivirent leur œuvre, l'ordre des chevaliers de Saint-Jean fut créé ici même, à présent les colons étaient installés à Saint-Jean, en plein quartier chrétien, à un jet de pierre de l'église du Saint-Sépulcre. Leurs drapeaux et leur linge étaient suspendus aux balcons mais je n'y avais jamais vu un colon ; je me demandais s'ils habitaient vraiment la maison conquise, tant elle paraissait sans vie.

En ce dimanche matin, la porte était ouverte. Deux hommes faisaient le guet devant, l'un avec un appareil radio, l'autre avec un pistolet à la ceinture et un fusil à la main. Il y avait d'intenses allées et venues, les gens sortaient, surtout. Un jeune homme apparut, s'éloigna rapidement, sous son tee-shirt se dessinaient les contours de son arme. De plus en plus de jeunes gens franchissaient la porte, dix, vingt, souvent ils portaient des armes et certains, un sac à dos rebondi. Plus rarement c'était un enfant, une femme ou un vieillard.

Cela ne donnait pas l'image d'une maison où des familles désireuses de s'installer auraient enfin trouvé un appartement, mais plutôt celle du siège d'une milice irrégulière qui aurait le curieux privilège de porter des armes à feu. Tous ces jeunes gens vivaient-ils à St John ? Ils s'en allaient à pas rapides, décidés, comme des hommes sortant d'une réunion ou qui auraient reçu leur feuille de route. Leur apparition réjouissait les deux gardes qui se tenaient devant la porte. Ils se pavanaient dans la rue comme des coqs, dans une zone où les cafés se succédaient et où touristes et pèlerins, aux jours ordinaires, se bousculaient.

Peu à peu ceux-ci réapparaissaient, le Muristan se remplissait de plus en plus, et tout le monde ignorait étrangement les fiers colons équipés d'une arme et d'une radio, aussi bien les serveurs et les garçons de café arabes que leurs clients du monde entier. Peut-être étaient-ils tellement habitués à voir des policiers et des soldats en armes que quelques-uns de plus ne leur faisaient plus d'effet. Peut-être aussi certains étaient-ils plus au courant qu'un regard superficiel ne pouvait le percevoir, car les boutiques des commerçants et des restaurateurs arabes se trouvaient au rez-de-chaussée de la maison des colons. Des arrangements étaient peu vraisemblables. Toujours est-il que la scène revêtait un caractère fantomatique.

Le changeur d'argent faillit effleurer l'homme armé sans ciller, tout en chantonnant « *change money, change money* » et en agitant sa liasse de billets, tout comme le marchand à la sauvette, avec ses guirlandes de roses et ses kippas, qui vendait même les modèles brodés que les colons chérissaient tant. Tout cela se côtoyait. Chacun savait exactement où se trouvait l'autre, mais faisait comme s'il était aussi invisible que l'air. Chacun jouait son rôle, dans ce théâtre d'ombres, mais comme si le comédien qui pouvait être l'ennemi l'instant d'après, et qui l'avait été lors de nombreux combats amers, comme si cet autre n'était pas là. Le grand art de passer devant l'autre sans le voir fonctionnait même au milieu des armes.

Après qu'une trentaine de jeunes gens eurent quitté la maison des colons, une femme, enfin, apparut. En longue jupe et foulard noirs, elle poussait une poussette à travers la foule devenue dense. Personne ne la regardait, personne ne la voyait, même si elle bousculait quelqu'un en passant avec sa voiture d'enfant. Elle marchait trop vite pour que je puisse lui demander ce que j'aurais voulu savoir.

« Pourquoi êtes-vous là ? » Je posai la question à une deuxième femme, qui venait de sortir et ne fuyait pas aussi rapidement. Mais elle souhaitait aussi peu être abordée que tous ceux qui quittaient Saint-Jean ou qui y entraient ; elle évita ma question d'un pas hâtif, se méfiant de la rue, de ce quartier étranger et de moi. Puis elle s'immobilisa, se tourna vers moi et me gratifia d'une réponse avant de disparaître : « Parce que c'est Jérusalem. »

Parce que c'est Jérusalem. Quelle parole. Parce que c'est toi. Parce que je t'aime. Il faut avoir entendu ça une fois, il faut l'avoir compris. Ce n'était pas une prise de territoire habituelle, pas comme en Amérique, autrefois, quand les colons européens avaient partagé l'océan d'herbe, la prairie, en parcelles de cent soixante hectares avant d'y bâtir leurs premières cabanes rustiques. C'était une prise d'hommes. Avant que les colons ne prennent la terre, c'était la terre qui les avait pris – la Terre promise, la Judée et la Samarie, et, avant tout, cette ville. Tout était dit – parce que c'est Jérusalem.

Mais parce que l'amour est aussi peu innocent que n'importe quelle pulsion humaine, tout n'était pas dit. Je sortis le billet abîmé de ma poche et composai le numéro du chef des colons. Un extrémiste, m'avait dit la relation qui m'avait donné son numéro de téléphone, mais un extrémiste intéressant. Une dernière fois, me dis-je, et s'il ne répond pas, je jette ce papier. Il répondit et, au bout de dix secondes, la conversation avait atteint son point d'ébullition.

« Bonjour.

– Que voulez-vous ?

– J'entends beaucoup parler des colons, je voudrais savoir ce que vous avez à dire là-dessus.

– Qui êtes-vous ?

– Je suis à Jérusalem pour écrire un livre.

– Quel genre de livre ? »

Je le lui dis.

« D'où venez-vous ?

– De Berlin.

– Et que voulez-vous ? »

Je répétai. Il parlait à chaque fois plus fort.

« Et... de quoi vous voulez parler avec moi ? De la pluie et du beau temps ? Berlin, hein ? Je vais vous dire de quoi nous allons parler, nous allons parler de ma grand-mère berlinoise. »

Il ne me connaissait pas. Je ne le connaissais pas. Nous nous parlions au téléphone depuis trente secondes. Et il criait après moi. Je raccrochai. Ainsi s'acheva ma tentative de conversation avec l'homme qu'Ada appelait le *mukhtar* des colons.

LE DÉTONATEUR

S i Jérusalem était une bombe, le mont du Temple serait son détonateur. La facilité avec laquelle on peut en jouer et les conséquences qui en découlent, je devais en faire l'expérience dès ma première visite. L'église chrétienne du Saint-Sépulcre était libre d'accès de sept heures du matin à sept heures du soir et, la plupart du temps, bondée. L'accès au mur des Lamentations se faisait en franchissant des sas de sécurité, mais il était libre à tout instant dès lors qu'on portait une kippa.

Bien sûr, c'étaient en grande partie des chrétiens qui visitaient l'église du Saint-Sépulcre et surtout des juifs qui se rendaient au mur des Lamentations, mais de temps en temps il y avait des musulmans. Ils se mouvaient avec curiosité à travers un monde qui leur était étranger, celui des moines, des images et des autels ou celui des dévots qui se balançaient devant l'impressionnant mur de soutènement du Temple d'autrefois. Un jour, je fus témoin de la façon dont quelques téméraires se détachèrent d'un groupe de Turcs musulmans pour s'avancer, s'approcher tout près du mur des Lamentations. Aucun juif n'en prit note. Cela ne dérangeait personne que des musulmans viennent voir leur mur des Lamentations et personne ne se détourna de sa prière.

Au mont du Temple il en allait tout autrement. Les non-musulmans ne pouvaient y pénétrer que certains jours et à certaines heures, rares, en passant par l'unique porte réservée aux non-musulmans. Toutes les autres portes d'accès à Haram ash-Sharif, le noble sanctuaire, ainsi que les musulmans appellent le mont du Temple, y menaient directement depuis les ruelles et les souks du quartier arabe. La porte pour les non-musulmans se trouvait au-dessus du mur des Lamentations, la montée partait de l'esplanade et passait par une sorte de pont-cage posé sur des échasses.

J'arrivai à sept heures du matin et je pris la file d'attente, qui était déjà longue. Des militaires israéliens contrôlaient tous ceux qui voulaient monter, à la recherche d'objets suspects, d'autres militaires patrouillaient là-haut, sur Haram ash-Sharif. Au poste de contrôle se trouvait un homme, un civil d'un certain âge brandissant le drapeau israélien. Il avait l'air combatif. Je lui demandai s'il protestait.

« Oui, c'est ça.

– Et contre quoi ?

– Contre le fait que ce drapeau ne flotte pas sur le mont du Temple. »

Il y en avait de ce genre. Qui voulaient de nouveau ériger sur le mont du Temple, musulman depuis le VIIe siècle, le grand Temple juif que les Romains avaient totalement détruit en l'an 70. Des gens comme cet homme au drapeau auraient souhaité occuper instantanément le mont du Temple – les plus pieux d'entre ces constructeurs du Temple voulaient attendre la venue du Messie ; la devancer constituait pour eux un délit.

Et puis il y avait des Juifs auxquels il était formellement interdit d'aller sur le mont du Temple. La queue défilait lentement devant l'enseigne du Chief Rabbinate of Israel, qui demandait aux Juifs pieux de ne pas monter. « D'après la loi de la Torah, fouler le mont du Temple est strictement interdit car c'est un lieu sacré. » Je ne comprenais pas, mais je compris bientôt.

Je gravis les cages sur échasses, voyant sous moi les hommes et, séparées, les femmes prier devant le mur des Lamentations, et je franchis la porte. Une image paisible, idyllique, s'offrit à moi. Sur la large étendue dont on ne pouvait imaginer la taille immense dans le labyrinthe des ruelles étroites de la vieille ville campaient des groupes et d'autres plus petits, les femmes, immédiatement à droite de la porte que je venais de passer, les hommes partout ailleurs. On lisait silencieusement le Coran ou on écoutait quelqu'un le lire, d'autres pique-niquaient en discutant.

Les femmes étaient assises devant le musée, au milieu d'une mer pétrifiée de chapiteaux de colonnes d'époque byzantine, les hommes préféraient les carrés à surface plane, sans mur, sous des arbres dispensateurs d'ombre – lieux d'enseignement des différentes écoles islamiques. Chaque carré possédait une niche pour prier, orientée vers le sud, c'est-à-dire vers La Mecque vue de Jérusalem. Les lieux réellement sacrés, là-haut, la mosquée al-Aqsa et le dôme du Rocher, avec sa coupole dorée éternellement brillante, étaient, à cette époque, assez peu fréquentés.

Tout à coup, du bruit. Cela commença devant, du côté des femmes, des cris stridents retentirent. « *Allahu akbar ! Allahu akbar !* » Dieu est grand ! Les hommes assis plus loin entendirent et s'y joignirent aussitôt. « *Allahu akbar !* », mais plus bas, l'appel roula tel un coup de tonnerre sur tout le mont du

Temple – des juifs l'avaient foulé, les femmes, à la porte, les avaient vus en premier et faisaient entendre leur cri d'avertissement auquel les hommes venaient se joindre. Il en était toujours ainsi lorsque des juifs apparaissaient dans le secteur musulman.

Mais les cris pouvaient être d'intensité variable. Si c'était un groupe juif sans signes religieux distinctifs qui venait faire un tour sur le mont du Temple, comme d'autres visiteurs, et en repartir bientôt, le cri diminuait et s'éteignait. Mais si c'étaient des colons, l'agitation tournait à la manifestation. Parfois, avais-je entendu dire, des groupes essayaient de prier au lieu supposé du Temple ou d'apporter un objet rituel ; en cela ils défiaient les musulmans, qui considéraient le mont du Temple comme leur lieu sacré, et transgressaient aussi l'interdit du grand rabbinat.

Les jeunes gens qui avaient provoqué ce cri arboraient une expression incertaine mais traversèrent tranquillement la haie de « *Allahu akbar !* » en direction de la porte des Lions – le tour habituel. Prenant le même chemin, j'appris qu'ils venaient de Haïfa et qu'ils terminaient tout juste la préparation au service militaire, dont cette visite faisait partie. Quand on croisait une classe d'écoliers arabes, les garçons de huit ou neuf ans faisaient de leur mieux pour montrer qu'ils pouvaient eux aussi agir comme ils avaient vu leurs aînés le faire, et ils nous gratifiaient d'un « *Allahu akbar !* » sonore. Dieu est grand et Mahomet est son prophète. Après l'avoir répété un certain nombre de fois et en avoir fini, ils offraient ce qu'ils connaissaient par ailleurs, des slogans politiques contre l'occupation. C'était l'ambition des enfants de montrer à tous ce qu'ils savaient. Leurs professeurs, de jeunes femmes avec foulards et manteaux qui descendaient jusqu'aux pieds, essayaient d'en rire, pour calmer le jeu, moitié émues, moitié gênées, moitié fières de leurs élèves, moitié s'excusant. En riant et en sifflant, elles demandaient à leur classe de se taire. À proximité, des travailleurs arabes déblayaient un pré, eux aussi prenaient les choses avec calme et souriaient. Et les Juifs – on me mettait au nombre parce que je n'avais pas l'air arabe et que j'allais avec eux – haussaient les épaules, en poursuivant leur chemin. Les jeunes gens de Haïfa se sentaient-ils mal à l'aise ? Certainement. Se sentaient-ils menacés ? Non.

Peu de temps après qu'ils eurent quitté le mont, le cri d'avertissement des femmes retentit de nouveau, cette fois, c'était sérieux. Des colons d'Hébron. Le cri les précédait, eux, les plus durs des durs. Allant à leur rencontre, je tombai sur un petit groupe fêtant un mariage. Je les connaissais, ils étaient dans la queue avant moi, et les contrôleurs les connaissaient aussi, ils les croyaient capables de certaines choses, ils furent en tout cas contrôlés avec une sévérité particulière, c'est pourquoi ils n'arrivaient en haut que maintenant. Dans la queue, une Américaine les avait interpellés parce qu'on n'avançait pas. « C'est à cause de vous qu'on attend ! » Et un barbu d'Hébron avait répondu : « On a bien attendu deux mille ans ! »

Le même m'expliquait à présent leur intention. « Le jeune homme, là, se marie aujourd'hui et son père voudrait consacrer le mariage de son fils au Temple par un acte prophétique. » Je fis un bout de chemin avec eux, le groupe était conduit par un homme qui disait des prières mais les yeux rivés au sol, comme s'il cherchait et qu'il voyait quelque chose que je ne voyais pas. Il faisait très attention au chemin qu'il prenait et le groupe le suivait de près, à petits pas.

On traversait le terrain en regardant autour de soi de façon peu naturelle, comme les jeunes de Haïfa auparavant – on se déplaçait de façon rituelle vers une chose invisible, autour d'un sanctuaire invisible. Entre eux circulaient les plans du Temple, qui n'existait plus depuis mille neuf cent quarante-quatre ans. Mais c'étaient des supputations, personne ne connaissait vraiment son emplacement ; les fouilles n'étaient pas autorisées et il n'y avait aucune trace au sol, les Romains avaient fait du beau travail. Cela n'inquiétait pourtant guère les habitants d'Hébron.

Avec sa douzaine de fidèles, dont la mariée, le père du marié accomplissait son rêve du Temple malgré le hurlement arabe croissant – le mariage de son fils comme offrande. Je n'y pouvais rien, il flottait dans l'air un goût d'*Akedah*. Le fils marchait à côté de moi maintenant, et l'excitation d'être là, d'aller au Temple, au temple de ses pères, se lisait en lui. Peut-être était-il content d'avoir un étranger près de lui à cet instant auquel il pouvait dire son émotion, car sa famille et ses amis ne parlaient pas entre eux, absorbés dans leur rite. Il me lançait des phrases courtes, essoufflées, comme on en lance quand les choses deviennent sérieuses.

« C'est le lieu du Temple. Nous éprouvons une joie dans le cœur, la joie d'être ici. Et nous éprouvons la douleur de la disparition du Temple. Nous devons le reconstruire. Oui, nous devons le reconstruire.

– Et le dôme du Rocher, la mosquée, les Arabes – qu'est-ce que vous en faites ? »

L'un d'eux, qui allait devant nous, aussi jeune que le marié, avait entendu la conversation et se retourna vers moi.

« Eux aussi éprouvent une douleur. »

Était-il sérieux ou cynique, menaçant ? Il était sérieux. Il l'avait dit comme quelque chose dont on est complètement sûr. Il le pensait. Ils éprouvent notre douleur, aussi, tant elle est grande, et profonde, il n'est pas possible qu'ils ne l'éprouvent pas.

À présent un membre de la compagnie s'était jeté au sol de tout son long pour prier en direction du Temple disparu. Il fut rattrapé et écarté des autres par les hommes en uniforme qui accompagnaient, surveillaient et protégeaient le groupe depuis que celui-ci foulait le mont du Temple. Puis les autres Juifs d'Hébron se retirèrent eux aussi par l'une des portes musulmanes qui menaient au cœur du quartier arabe. Là, dans le souk, ils fêtèrent leur victoire en dansant et en chantant.

Quelques Arabes nous avaient suivis, leurs visages pâles et leurs cigarettes hâtivement fumées trahissant la nervosité, la colère. « N'en croyez rien, ce n'est pas leur mont du Temple. C'est notre sanctuaire – Haram ash-Sharif. » C'étaient des responsables du Waqf, la fondation islamique, qui administraient l'esplanade ; leur chef, en costume étincelant, s'adressait alternativement à son talkie-walkie et à moi. « C'est bien que vous ayez vu ce qui se passe. De telles provocations, il y en a tous les jours. Ils n'ont pas le droit de prier ici, c'est interdit, mais ils le font quand même. Ils veulent nous prendre Haram ash-Sharif. *We have big problems, Sir, we have big problems !* »

Passant la porte, je traversai le souk jusqu'au mur des Lamentations, où je vis l'autre côté, littéralement. Ici, les Juifs se trouvaient à la base de leur Temple disparu et priaient, déploraient leur perte. Combien de temps pouvait-on supporter de se lamenter ? Mille ans, deux mille ans, trois mille ans ? De la plainte, de la supplication, le vœu ne germait-il pas de retrouver ce qu'on avait perdu ? La nostalgie juive de Jérusalem ne devait-elle pas forcément devenir trop impérieuse un jour ? Pourquoi, après avoir conquis la vieille ville ainsi que le mur des Lamentations et le quartier juif, le général Moshe Dayan n'avait-il pas fait le dernier pas, en 1967, et pris le mont du Temple ? Le général juif s'était arrêté devant le mont du Temple et le dôme du Rocher comme, mille trois cents ans auparavant, le calife Omar devant l'église chrétienne du Saint-Sépulcre et devant l'*anastasis*, à l'intérieur, autour du tombeau vide du Christ. Invité par le patriarche de l'époque à prier dans l'église du Saint-Sépulcre, le conquérant Omar ibn al-Khattab refusa et pria au-dehors. S'il priait à l'intérieur, déclara-t-il au patriarche, il n'y aurait plus de retenue, ses musulmans prendraient l'église d'assaut et c'en serait définitivement fini de la basilique primitive de la chrétienté.

Aucun mufti musulman n'invita évidemment Moshe Dayan, en 1967, à prier au dôme du Rocher. Mais ce fut une retenue semblable qui fit prendre au général de la distance, qui lui permit de ne pas pousser la victoire jusqu'au sommet du mont du Temple, comme elle avait, autrefois, empêché le calife d'arracher le cœur des chrétiens devenus désormais ses sujets et de profaner le saint tombeau – magnanimité rare du vainqueur à l'instant de sa victoire. Les gens tels que ceux que j'avais vus aujourd'hui étaient furieux de la magnanimité de Dayan. Ils trouvaient qu'il était temps de prendre les choses en main.

D'autres, plus pieux, étaient davantage réservés sur la date de la reconstruction du Temple, c'était l'affaire du Messie, mais ils le meublaient déjà. Face au mont du Temple se trouvait un édifice qui se voyait de loin, un colosse aux allures de golem dont on ne pouvait être sûr qu'il ne se mettrait pas un jour en mouvement pour marcher lourdement sur le mont – le siège du Temple Institute. La reconstruction du Temple était considérée d'un point de vue pratique, l'Institut avait déjà réglé un certain nombre de choses. Le moment venu, tous ces objets sacrés, dorés, ornés de pierres précieuses, reproduits selon les indications de Moïse et les connaissances archéologiques, seraient purement et simplement transportés sur le mont du Temple, qui n'était vraiment pas loin.

On exposait le tout, on le montrait aux visiteurs. Oui, à ceux qui payaient un billet d'entrée on montrait le saint des saints, y compris à moi. Il y a deux mille ans, dans le vrai Temple, seul le grand prêtre pouvait pénétrer dans le saint des saints. Là, il était abondamment regardé par les visiteurs, saisi, et photographié – l'Arche d'alliance, photographiée, les objets rituels du prêtre qui rempliraient un jour leur office sacré, le rideau, devant le saint des saints, dont Matthieu, Luc et Marc rapportent unanimement qu'il s'était déchiré en deux, de haut en bas, le jour du Golgotha.

Qu'éprouvais-je ? À peu près la même chose que quelques jours plus tôt, lorsque j'étais sorti de l'église du Saint-Sépulcre et que j'étais tombé sur une jeune fille. Elle posait en gloussant devant son amie qui la photographiait – elle portait une couronne d'épines. Pour quelques shekels, on pouvait acheter des couronnes d'épines. Blasphème ! De nouveau cette pensée. Toutes ces images, cette fabrication permanente d'images, où atterrissaient-elles ? – il devait y avoir un enfer des images.

Le lendemain, dans le bazar, couraient des bruits d'émeutes, de jets de pierres, de grenades lacrymogènes et de blessés sur le mont du Temple. Aucune munition lourde n'était entrée en action, pas cette fois. Mais là-haut, le grand détonateur avait fonctionné, la preuve en était une nouvelle fois donnée. Il était toujours prêt à l'emploi.

Je n'aurais pas cru possible de voir, une autre fois dans ma vie, les entrailles profondes du détonateur, le rocher autour duquel tournait la dispute. Je l'avais vu il y a longtemps, le dôme du Rocher était alors accessible à tous. Ce n'était plus le cas. Depuis l'an 2000, depuis qu'Ariel Sharon était allé sur le mont du Temple et avait déclenché dans la foulée des troubles graves, la deuxième Intifada, il était interdit aux non-musulmans de pénétrer dans le dôme du Rocher, la plus ancienne mosquée du monde. La vision de sa coupole dorée sur la ville de pierre – il fallait nous en contenter.

Un jour que je rendais visite à Paul, il mentionna au passage qu'une délégation de ses franciscains de la custodie de Terra Santa était invitée par la fondation musulmane Waqf à une visite au mont du Temple. « Imagine-toi qu'ils nous laissent entrer dans le dôme du Rocher. Nous avons rendez-vous demain matin à huit heures. Je pourrais peut-être t'emmener, qu'en penses-tu ? »

Je ne me le fis pas dire deux fois. Le lendemain, j'étais à huit heures du matin à la porte de fer, c'était une matinée froide et brumeuse et, après les visites de politesse convenues, y compris le café dans de minuscules tasses chez les dignitaires du Waqf, une image inhabituelle s'offrit aux fidèles musulmans du mont du Temple – un grand essaim de bures marron en route vers le dôme du Rocher, des franciscains d'Italie, de Corée, du Ghana, d'Amérique, d'Allemagne, conduits par quelqu'un qui leur ressemblait, qui parlait arabe avec la même sûreté et les mêmes sons gutturaux, car ce frère était d'ici, il était né ici.

Pieds nus comme il convient dans une mosquée, nous avons pénétré dans l'édifice octogonal tendu de tapis, qui paraissait rond à l'intérieur. Çà et là étaient assis de petits groupes en prière. Paul, expert en archéologie hiérosolymite, me montra les sourates du Coran qui couraient là-haut, tout autour.

« La plupart de ces inscriptions arabes sont plus récentes que le dôme du Rocher, dit-il, mais celles d'en haut sont anciennes. Elles remontent à l'époque de la construction du dôme, l'époque du calife Abd al-Malik, et ce qui est étonnant, c'est qu'elles contestent l'enseignement chrétien sur la double nature de Jésus, homme et fils de Dieu. Elles refusent cet enseignement et ne veulent voir en Jésus qu'un prophète, elles avertissent les chrétiens de leur époque, le VIIe siècle, de ne pas s'accrocher à l'idée que Jésus est le fils de Dieu.

— Mais n'était-ce pas une hérésie au sein de la première église chrétienne ?

— C'est l'énigme de cette inscription. Le Christ à la fois totalement humain et totalement divin, telle était la conception de l'Église primitive. Le concile de Nicée l'a confirmé en 325, ainsi que le concile de Chalcédoine, en 451. Mais celle-ci ne s'est pas répandue partout. Ce qui est écrit là-haut fut autrefois soutenu par des chrétiens syriaques dissidents – Jésus est un prophète comme les autres prophètes avant lui, rien de plus.

— Qu'est-ce que ça signifie ? Tu veux dire que ce n'est pas un musulman qui a construit le dôme du Rocher mais des chrétiens syriaques hérétiques ? »

Paul avait la stature d'un homme qui n'est pas fait pour un bureau où on passe ses jours à s'occuper des finances de la custodie de Terra Santa, on le prendrait plutôt pour un paysan ou pour un aubergiste de campagne, il rit malicieusement et répondit, les poings sur les hanches.

« Personnellement, je ne dis rien. Mais c'est un érudit qu'il convient de prendre au sérieux qui le dit. Il a retraduit l'inscription et en est arrivé à la conclusion qu'il s'agissait d'une critique des chrétiens syriaques à l'égard de l'Église de l'Empire byzantin.

– Mais, Paul, nous savons qui a construit le dôme du Rocher. C'est le calife Abd al-Malik.

– Oui, bien sûr. Mais qui était Abd al-Malik ? Un musulman ou le chef des hérétiques syriaques ?

– Mon Dieu, Paul, comme si la situation n'était déjà pas assez compliquée. »

Il me sourit.

« C'est pour cela que cet érudit écrit sous pseudonyme. »

Nous ne pouvions plus poursuivre cette spéculation car on descendait à présent les marches jusqu'au rocher, la pierre à laquelle Abraham avait attaché son fils Isaac pour le sacrifier. La pierre qui avait mis fin au Déluge. Le saint des saints à l'époque du Temple juif. C'était plutôt une grotte qu'un simple rocher, je la trouvai telle qu'avant, lors de ma première visite – chaude et calme, tendue de tapis.

Nous étions seuls. Il eût été tentant d'ôter les tapis pour explorer le rocher, ses petits creux et ses canaux dont les archéologues pensaient qu'ils servaient, à l'époque du Temple juif, à laisser s'écouler le sang des animaux sacrifiés, les offrandes de vin et l'eau de purification. Paul, tout feu tout flamme, photographiait sans relâche.

Mais pourquoi aurions-nous plus de droits que les autres ? Aucune fouille n'était permise sur l'ensemble du mont du

Temple et, quelques minutes plus tard, on nous demandait de remonter. Nous avons traversé en sens inverse le bâtiment rond, nous avons remis nos chaussures une fois dehors, et je me retrouvai bientôt dans le tumulte d'al-Wad, au milieu duquel l'étranger peut difficilement imaginer où il se trouve réellement, quel lieu se dissimule derrière ces murs, à quelques pas.

CHEZ LE RABBIN

Il était temps, à présent, de trouver quelqu'un qui n'avait pas de scintillement fanatique dans les yeux, qui ne manipulait pas de détonateurs, qui ne criait pas et ne fumait pas nerveusement une cigarette après l'autre. Je me souvenais qu'Ada m'avait parlé une fois de son rabbin, qu'elle aimait beaucoup. Un homme intelligent, disait-elle, un orthodoxe et un professeur réputé qui ne se contenterait pas de me répéter des formules – et, ce qui m'avait le plus impressionné, il était père de dix enfants et en avait adopté un, auquel il vouait un attachement inconditionnel alors que celui-ci lui valait d'énormes problèmes, étant incarcéré pour trafic de drogue. Je l'appelai, il avait une heure de libre et moi, j'avais une question.

Avant de venir à Jérusalem, je ne prenais pas cette affaire de Temple au sérieux – le reconstruire me semblait être l'idée fixe de quelques originaux. Lors d'une autre visite au mont du Temple, je fus témoin de la façon dont un homme politique connu se fit filmer devant le dôme du Rocher en expliquant que certaines choses devaient changer là-haut. Une impression désagréable me gagna – le pressentiment que tous les combats menés et ceux à venir pourraient n'être que des escarmouches préparatoires, la grande bataille était devant nous, celle pour le mont du Temple. S'il y avait un lieu entre tous, un but entre tous susceptible de provoquer une guerre sainte, c'était bien celui-là.

Mais ce n'était pas le cœur de ma question, ça, c'était de la politique. Ma question était : les Juifs ont-ils encore vraiment besoin du Temple ? Ou, autrement dit, si on rebâtissait le Temple – jusqu'à quel point serait-il juif ? N'y avait-il pas un judaïsme de l'époque du Temple et un autre des millénaires d'après, un judaïsme de la Synagogue, de l'étude, du Livre ? Le vrai Temple avait été le lieu de vrais sacrifices. Voulait-on y revenir sérieusement ? Aux temps de Salomon et d'Hérode, les Juifs se rendaient à Jérusalem lors des grandes fêtes, pour faire leurs offrandes au Temple. Pouvait-on imaginer que les millions de personnes venues aujourd'hui du monde entier achèteraient des agneaux pour accomplir, sur le mont du Temple, ce qu'accomplissaient leurs ancêtres jusqu'à l'époque romaine ? En un mot : le judaïsme d'aujourd'hui ne s'était-il pas éloigné de deux mille ans du Temple ?

Le rabbin me reçut aimablement, il m'attendait en haut des marches de sa maison, d'allure fragile, cheveux gris, kippa, sa barbe fournie le vieillissait peut-être un peu – sa figure ressemblait à l'image idéale d'un lettré juif. Était-ce un hasard s'il ne me tendait pas la main, ou cela signifiait-il quelque chose ? Ne m'offrait-il pas à boire seulement parce qu'il était pressé ou distrait ? Chaque personne, absolument chacune de celles à qui je rendais visite, à Jérusalem, me proposait du café ou de l'eau et des gâteaux, et il eût été très impoli de ne pas boire et de ne pas prendre au moins un biscuit. Je le dérangeais dans son travail et il était trop poli pour décliner le rendez-vous, ou se cachait-il autre chose là-dessous ?

Il portait un nom de famille allemand, et quand je vis des livres dans de nombreuses langues, parmi lesquels une littérature théologique savante en allemand, je lui demandai quelles langues il lisait.

« Je lis la plupart des langues européennes et quelques autres.

– L'allemand aussi ?

– Je parle allemand, aussi, mais je ne le souhaite pas. »

Je m'en doutais. C'était de la distance, et non une distraction de professeur. Une histoire allemande se dissimulait là-dessous, qui n'était pas très belle, c'était clair. Je ne le pressai pas davantage et il me donna le temps de sortir de mon embarras.

Il me fit monter l'escalier jusqu'à un étage supérieur, puis un autre encore plus raide qui menait à sa bibliothèque, et enfin tout en haut, dans le bureau où il étudiait ; là il m'invita à grimper sur une petite échelle, devant la fenêtre, il me précédait et je le suivis sur le bord étroit qui contournait la coupole la plus haute du bâtiment. La vue était sublime. C'était toujours le cas, je connaissais un certain nombre de toits de Jérusalem, désormais, mais n'étais encore jamais monté aussi haut. Je n'avais encore jamais vu Jérusalem ainsi à mes pieds, aussi proche, dans une lumière si claire. Une vision grandiose.

Ce que je voyais là, je l'avais aperçu de loin, le jour de mon arrivée, quand le taxi collectif se trouvait sur la colline occidentale, dans cette lueur de soufre. Maintenant c'était comme si ce moment d'apocalypse n'avait jamais existé, maintenant Jérusalem, les monts de Judée et la terre moabite au-delà du Jourdain s'étendaient sous un jour rayonnant. Depuis la vigie du rabbin, Jérusalem était belle, de cette beauté de pierre que possédait toute la Terre sainte qui se découvrait. Lorsque je fus rassasié du spectacle, que nous eûmes redescendu l'échelle pour rentrer, je lui posai la question du Temple et il tira sous mes pieds le tapis de mon savoir préconçu, ma conviction qu'il n'y avait pas de Temple juif depuis deux mille ans.

« Ce que vous décrivez, c'est une idée du judaïsme réformiste allemand du xixᵉ siècle qui a essaimé jusqu'en Amérique. L'idée du Temple et de l'époque messianique a été abandonnée, tout a été abandonné, à cette époque, de ce qui entravait la proximité avec les autres monothéismes. »

Un relâchement, une adaptation à la chrétienté, ainsi voyait-il les choses, une idée issue de l'exil juif tardif. Je me souvenais de la rencontre devant la *yéshiva* – du jeune homme qui m'avait déclaré avec enthousiasme que l'existence d'Israël était un miracle.

Ce que le rabbin disait à présent résonnait comme un écho à ses paroles. « Dans la pensée juive courante, on considère la création d'Israël comme un miracle. Il fut longtemps totalement irréaliste que puisse naître un État d'Israël un jour, mais maintenant qu'il est là, que le miracle s'est produit, on le comprend comme l'entrée dans une époque de rédemption. » Il esquissait un judaïsme d'après l'exil qu'il appelait orthodoxie moderne.

« Cela veut dire qu'il est temps que le Temple renaisse ?

– En ce qui concerne le Temple, les Juifs ont été passifs pendant des siècles. Nous attendions ce qui allait venir. Et c'est Israël qui est venu – tout de suite après l'Holocauste, après seulement trois ans ! D'un coup on voit que l'activité d'en bas, l'activité terrestre est bonne, et qu'elle appelle une réponse divine. On n'a plus attendu passivement, on s'est battus pour cet État et il nous a été donné. Considérant cela, pourquoi devrions-nous en rester là ? Nous créons l'infrastructure et Dieu y ajoute son œuvre. C'est à peu près l'attitude juive, maintenant, la réponse à la passivité juive des siècles précédents. »

Puis il me surprit par cet aveu, lui, personnellement, n'allait pas sur le mont du Temple. Je pensai à l'enseigne du grand rabbinat interdisant aux Juifs de fouler le mont, j'y avais réfléchi et je tenais cette interdiction pour politiquement justifiée, afin de prévenir les combats et les effusions de sang. Le rabbin me contredit de nouveau. « Non, il ne s'agit pas de politique. Il s'agit du problème de l'impureté – qui est toujours valable. Le grand prêtre de l'époque du Temple devait pratiquer un rituel de purification très complexe avant de pouvoir entrer dans le saint des saints. »

Pureté et impureté. Cette question jouait un grand rôle dans la Loi juive, pour lui également. Il fit un large geste et plus il parlait, plus je voyais clairement ce qu'il était – un Juif fidèle à la Loi qui ne faisait pas usage de son intelligence pour triturer la loi de ses pères en raison de ses besoins. Tout au contraire, il se glissait formellement dans la Loi, l'interprétait, essayait de vivre d'après elle.

« Il y a des degrés dans la pureté, poursuivit-il. Pour certains, une douche suffit. Pour d'autres, la purification rituelle dans une *mikvé* est nécessaire. Il ne s'agit pas de purification corporelle mais de celle de l'âme. Qui a cependant une dimension corporelle. Chaque personne le sent, le contact avec certains reptiles ou avec des anguilles nous est désagréable, nous reculons. » C'était l'avant-propos, à présent venait la confession. « Enfin il y a des impuretés plus fortes, comme le contact avec les morts. J'ai accompagné mes deux parents sur leur lit de mort. » Et de même qu'il y a des degrés dans l'impureté, il y a des degrés dans la purification. « L'impureté dont je parle ne peut se purifier que d'une seule manière – avec de l'eau dans laquelle est mêlée la cendre d'une vache rousse sans tache, et à notre époque, il n'existe pas de telle vache. »

La vache rousse sans tache, celle du livre des Nombres, au chapitre 19, décrit précisément le rituel particulier que Dieu imposa au Moïse des Israélites pour laver l'impureté provenant du contact avec les morts. La victime expiatoire nécessaire, l'animal sans tache sacrifié, l'eau purificatrice née de ses cendres. « L'Éternel parla à Moïse et à Aaron en ces termes : C'est un statut de la Loi qu'a prescrit l'Éternel, savoir : Avertis les enfants d'Israël de te choisir une vache rousse, intacte, sans aucun défaut et qui n'ait pas encore porté le joug. »

On rechercha un tel spécimen à travers le monde, dit-il, il fallut des années pour en trouver un, une vache rousse sans un seul poil d'une autre couleur. Elle devait être abattue selon un rituel compliqué, brûlée avec peau et pelage, et toutes les entrailles, même les excréments. Les cendres de la vache rousse furent répandues dans l'eau, ainsi les prêtres de l'époque du Temple obtinrent-ils l'eau purificatoire par laquelle ôter le péché d'un homme qui avait touché des morts.

Le rabbin avait touché ses parents mourants et son drame était que l'impureté restait collée à lui, car il n'existait pas de vache telle qu'exigée par la Loi. Il n'y avait pas de prêtre du Temple pour accomplir le rituel jusqu'à son terme. Il n'y avait pas de Temple. C'est pourquoi l'offrande expiatoire ne pouvait avoir lieu, c'est pourquoi l'eau purificatoire ne pouvait être fabriquée, c'est pourquoi l'homme assis en face de moi ne pouvait laver son impureté – et c'est pour cette seule raison que le rabbin ne pouvait pas aller sur le mont du Temple.

Quelle immense différence avec les colons d'Hébron. Un Juif profondément croyant s'interdisait l'accès au mont du Temple parce qu'il prenait au sérieux le Temple et sa loi, il l'endossait, même si c'était lourd à porter. Tandis que quelques colons traînaient leurs guêtres autour du saint des saints pour pouvoir filmer leur fête de mariage et la diffuser à travers le monde, car bien sûr, ils s'étaient filmés en abondance.

La Loi, la Loi. Jésus avait constamment buté sur elle et prêché contre sa momification. L'homme que j'écoutais tournait depuis une heure autour. Il le faisait très subtilement, il déployait devant moi un commentaire de la Loi aboutissant à la conclusion : ne le fais pas. Ne commets pas de péché. Ne va pas là-haut. Mais je devinais la mesure du renoncement qui lui était ainsi imposé, s'interdire d'aller au saint des saints de ses pères, résister au magnétisme du Temple en raison des prescriptions de la Loi. Il était rabbin et il était professeur. Il disposait de la distance intellectuelle permettant de considérer la foi de l'extérieur, mais c'était pour lui un outil et non la substance.

« C'est paradoxal, raisonnait le professeur, sans ce rituel de purification on ne peut pas entrer dans le Temple, encore moins le bâtir. En même temps, c'est l'absence du Temple qui provoque l'absence de tels rituels de purification. » Parce que ceux-ci devaient s'accomplir dans le Temple, avec ses prêtres, et non dans quelque cuisine d'Hébron.

Puis le rabbin parla du Messie.

« Nous ne savons pas quand il viendra – ni comment. Viendra-t-il comme une figure dorée avec des ailes ou viendra-t-il comme une sorte de Gandhi ? Le monde n'a jamais disposé d'autant de moyens de communication que de nos jours, rien que Facebook, déjà – en une seconde le Messie pourrait apparaître au monde entier.

– Et Jérusalem, la maison primitive de Dieu, que reste-t-il d'elle à l'âge du Messie-Internet ?

– Les sanctuaires de Dieu sont spirituellement importants. À la différence des maisons de Dieu faites par l'homme, qui changent parfois de religion. Des églises sont transformées en mosquées, regardez Sainte-Sophie, à Istanbul, cela se produit sans arrêt dans l'histoire. La sainteté est immuable, elle est liée aux lieux. Il y a une hiérarchie dans la sainteté. Israël est le pays le plus saint de la terre et le Temple, le lieu saint suprême. »

De nouveau il me stupéfiait. Cela sonnait comme une exclusive ; transcrit littéralement en termes politiques, cela donnait la guerre. Seuls certains pouvaient prier là-haut – et qui donc ?

Il secoua la tête, telles n'étaient pas ses pensées. « Bien sûr que les musulmans et les juifs peuvent prier ensemble sur le mont du Temple. Je peux toujours prier dans une mosquée en tant que juif, tant que je respecte les règles et que je ne perturbe pas les musulmans. À l'inverse, cela vaut exactement au même titre pour les musulmans dans une synagogue, théologiquement ce n'est pas un problème. Il y a de la place, là-haut, et les heures de prière ne sont pas les mêmes. »

Il alla un peu plus loin. « Un statut international de la vieille ville de Jérusalem ? Je peux l'imaginer. » Mais c'était de la politique. « Le propriétaire du mont du Temple, c'est l'État d'Israël, les occupants sont le Waqf, la fondation musulmane.

C'est un gage pour les négociations de paix futures, aucun homme politique ne cédera facilement. »

Il devenait profane, il était temps de partir. Il m'avait emmené dans son vol tout là-haut, dans le cosmos juif, nous avions rencontré la vache rousse du livre des Nombres et envisagé la possibilité de mettre des « like » au Messie sur Facebook. À présent nous reprenions l'escalier pour redescendre de sa vigie d'étude vers la terre.

Alors que nous passions devant la cuisine, sa femme me fit signe, et il se prit la tête entre les mains. « Quel hôte je fais, je ne vous ai même pas proposé un verre d'eau. » Le verre d'eau était donc à mettre sur le compte de la distraction professorale, le reste demeurait cependant entre nous. Mais lorsqu'il me raccompagna sur le seuil et que nous prîmes congé dans l'escalier de la cour, il me tendit la main.

La contribution de Richard Wagner à l'orthodoxie juive

Un matin, le son des cloches m'éveilla, plus fort et plus solennel qu'à l'accoutumée. Sur le pas de la porte, je contemplai une matinée de dimanche presque estivale. Des papillons voletaient dans l'air, le laurier-rose fleurissait en abondance, Agios Michail s'éveillait dans la chaleur dominicale tandis qu'en moi naissait l'envie d'une habitude que je ne pratiquais plus depuis longtemps, la promenade du dimanche. Je m'habillai rapidement et refermai la porte, descendis la Via Dolorosa tout droit jusqu'à la porte des Lions et la franchis. Quitter Jérusalem suscitait une légère tension, je ne l'avais jamais fait depuis mon arrivée, quelques semaines auparavant, à part de petites excursions au Mamilla Mall ou au marché de Musrara, mais qui ne comptaient pas.

À droite et à gauche de la porte s'étendaient des cimetières musulmans, la colline d'en face était partiellement recouverte de tombes juives très anciennes, le repli entre les deux étant la vallée du Kidron. En chemin, je croisai des tombeaux plus anciens, certains remontant jusqu'à l'époque hellénistique. Devant les portes de Jérusalem je ne pouvais pas faire un pas sans fouler un sol au témoignage biblique. La tombe de Marie. Le jardin de Gethsémani où son fils avait passé sa dernière nuit.

La journée devenait chaude et je fus content d'atteindre le village de Silwan pour pouvoir acheter de l'eau. Puis je remontai dans la ville, mais mon excursion du dimanche n'était pas terminée. J'allais faire l'une des promenades les plus étranges de mon séjour à Jérusalem. Elle me conduisait autour d'une place vide, complètement insignifiante, dans un quartier neuf tout aussi insignifiant. Je ne me souviens pas d'autres détails.

J'étais venu à Jérusalem-Ouest par le nouveau tramway pour rencontrer cet homme qui faisait le tour de la place vide, à mes côtés. Avions-nous parcouru ce carré vingt fois, trente fois ou quarante ? Je ne sais pas. L'homme corpulent et joyeux se dessinait avec une grande vivacité devant moi, marchant à mes côtés en chemise blanche et costume noir. De sa veste dépassaient les *tsitsit*, les fils de son châle de prière qu'il portait, comme beaucoup, sous sa chemise, pour avoir sur lui ce vêtement pieux toute la journée et non uniquement pour la prière. C'était un homme sensible aux arts, professeur de musique et compositeur. Quelqu'un qui appelait cette place déserte un parc, et ce chemin, son chemin de promenade préféré, et que j'écoutais avec une telle fascination que je n'aurais pas eu d'yeux pour un endroit plus beau. Sa famille était venue de Lituanie au XIXe siècle, son arrière-grand-père avait créé un quartier neuf sous les Ottomans, hors des remparts de la ville, comme l'ancêtre d'Ada l'avait fait. Dans son cas, c'était Mea Shearim, cellule originelle assez récente des ultra-orthodoxes de Jérusalem. Un homme qui s'y promenait sans avoir la tête couverte ou une femme habillée de façon trop féminine devaient s'attendre à se faire agresser.

L'histoire qu'il me conta pendant que nous faisions nos rondes commençait avec le jeune homme qu'il avait été. « Je suis né à Jérusalem et j'ai eu une éducation laïque, dans l'univers entièrement sioniste des années 1960. Et puis ce jeune Israélien laïc va à Bayreuth. Là-bas, on joue quelques notes à la trompette, au cours du festival, un peu avant le début des représentations. Et on fait des photos. Me promenant le lendemain dans Bayreuth, je passai devant la boutique d'un photographe dont les vitrines exposaient ces photos et, sur l'une d'elles, je vis, dans un angle, une silhouette qui détonnait. Tous ces riches Japonais, toutes ces belles blondes américaines, toute la société des wagnériens enthousiaste, heureuse, comblée d'être ici – et au milieu, quelqu'un avec une barbe, un nœud papillon dépassant à droite et à gauche, une barbe à la Theodor Herzl, le seul à n'être ni heureux ni comblé, n'ayant qu'une envie, partir, partir n'importe où, et ce personnage, c'était moi. Je me vis sur la photo – et je me reconnus. En un éclair il me parut évident que je ne faisais pas partie de ces gens-là. »

Il n'en resta pas à ce moment d'épiphanie. Le jeune homme de Jérusalem n'était pas seulement à Bayreuth pour les quelques jours du festival, il participait à un atelier estival pour jeunes musiciens, il avait eu le temps d'éprouver d'autres moments de reconnaissance de soi.

« Un jour, je quittai le bâtiment où nous répétions et j'appelai le portier : demain, pas de répétition, demain, *shabbes* ! Le portier éclata de rire. Je gardai mon sérieux. Quand avait-il ri, la dernière fois, au sujet de ce mot, *shabbes*, au sujet de ceux pour qui il était sacré ? Je le vis rire et s'arrêter, pris sur le fait, et je vis l'abîme qui nous séparait. »

Puis, tandis que nous faisions le tour de la place pour la dixième ou quinzième fois, il parla de Richard Wagner et je sentis que, bien qu'il en soit arrivé à une conclusion, à une position, cela le travaillait encore. Je le sentis parce qu'il ne m'exposa pas de thèse formulée sereinement, il plongeait les mains jusqu'aux coudes dans la matière de Wagner, et fouillait, à la recherche de mots nouveaux. « Chez Wagner, quelque chose culmine qui se trouvait déjà dans la pensée et la sensibilité allemandes, une certaine énergie païenne mais aussi la victoire de la chrétienté sur celle-ci, ce mélange allemand des deux, l'agitation nationale du XIXᵉ siècle. »

Il avait lu *Mein Kampf* avant de faire le voyage à Bayreuth. « Le livre était chez nous, à la maison, mon père avait été enrôlé dans l'armée, en tant que Palestinien juif, par les Américains, il était allé en Europe, avait vu les camps et s'était procuré le livre, une édition anglaise. Là, j'ai lu : le Juif est incapable de choses spirituelles. Mais de quelle spiritualité était-il question ? Dans la musique de Wagner il y a une tension qui n'est jamais résolue. Continuer, toujours, avancer. Siegfried n'obtient pas sa Brunehilde. Ni Tristan son Isolde. Une aspiration intérieure, plus, toujours plus ! L'impérialisme est ainsi. Les grands conquérants sont ainsi. L'idéal d'aujourd'hui est ainsi. Plus, plus, en un clic de souris, toujours plus ! »

Je dis quelque chose sur ce désir de plus, il faisait partie de la nature humaine, sur le voyageur Ulysse aux mille ruses, ligoté à son mât, sur Christophe Colomb sur l'océan occidental inconnu, dont les matelots croyaient que, lorsqu'il prenait fin, on était précipité dans le tout. « Ils ne seraient jamais partis sans cette aspiration innée à partir en chacun d'entre nous. »

Il s'immobilisa, me regarda, sortit de dessous sa chemise les *tsitsit* qui pendaient comme un grimpeur sa corde de rappel, se retint aux franges en riant, et s'écria : « J'ai ça ! C'est essentiel ! Voilà ce qui me tient. » Tout son visage barbu riait, donnant l'impression d'une confiance sereine comme je n'en avais pas vu depuis longtemps. En reprenant sa marche, il reprit le fil de ses pensées. « Le Juif laïc est un être de contradiction. De la Torah il prend la Terre promise et il laisse tout le reste, les règles, les commandements.

– Vous voulez dire que Dieu n'est pas un agent immobilier, qu'il ne faut pas séparer la Terre promise de l'alliance avec lui ?

– Oui, à peu près. Je n'ai pas besoin du sionisme, vous savez. Je ne viens pas d'ailleurs et je n'ai pas à me justifier. Je suis là, je suis là depuis longtemps. Il y a toujours eu ce désir, chez les Juifs, d'émigrer en Palestine. Pourquoi ? Y a-t-il des mines d'or, quoi que ce soit de précieux au sens terrestre – qu'y a-t-il donc de si magnétique ? Peu sont venus tout d'abord, puis au siècle précédent, de plus en plus. Pas seulement d'Europe, pas seulement à cause des camps, mais aussi du Maroc, d'Irak, de partout. Allez au mur des Lamentations le vendredi, les Juifs y prient avec des mélodies différentes. Séfarades, orientales, américaines. Mettez un Juif de Casablanca à côté d'un Juif de Łódź, ethnologiquement ils n'ont rien en commun. Nourriture, habillement, langue, tout diffère. Mais ils lisent la même Torah – c'est cela qui les constitue. C'est pourquoi il ne faut pas les dépouiller de leur caractère oriental, russe ou européen.

– Et en musique, ça donne quoi ? Vous composez à l'européenne ?

– La musique que je joue, que je compose, que j'enseigne, est européenne, il serait puéril de le nier. Après 1948, les sionistes refusaient d'être européens. Ils voulaient tout ignorer, y compris d'où ils venaient. L'idée sioniste des Juifs avait quelque chose de wagnérien. Le Siegfried juif existait, certes, c'était l'officier de l'armée, le paysan, le Juif musclé – ainsi l'appelait-on autrefois pour le distinguer du Juif du Livre qui ne savait pas se défendre, avec qui on ne pouvait pas construire de nation, de ferme, d'armée, d'État. Avant que Theodor Herzl n'écrive son utopie sioniste, son livre *Nouveau Pays ancien*, il avait assisté à une représentation de *Tannhäuser*. Wagner fut le déclic. Cela a mis quelque chose en branle, quelque chose de l'énergie de Wagner a infusé dans le sionisme, quelque chose d'une idée de nation issue de l'Europe du XIXᵉ siècle. »

Je n'avais pas l'intention de parler du présent avec lui, mais je fis pourtant une légère tentative, à un moment de notre promenade, pour aborder ce que je vivais presque quotidiennement et qu'on me racontait plus fréquemment encore, les batailles, les guerres plus ou moins secrètes de la ville. Je les aurais volontiers évitées mais le pouvais rarement. Mon accompagnateur étouffa ma tentative d'une phrase. « Je ne crois pas à la politique ! » Toutes les conférences pour la paix, les initiatives, les navettes diplomatiques – « rien n'en sortira jamais. L'histoire advient, et advient souvent autrement que nous le pensons. Qui aurait cru que le mur allait tomber ? Et tout un empire avec lui ? D'une certaine façon, c'est l'autre empire mondial qui s'écroule maintenant. Je ne crois pas à la politique, non », et il attrapa de nouveau les fils de sa corde de rappel, et riant, de nouveau, « je crois en elle ! ».

Il y eut de nombreux tours encore et je dois avouer qu'il marchait d'un pas plus alerte que moi. Le soleil brûlait, nous allions ainsi depuis des heures, il m'avait épuisé. Qui était-il ? Un homme qui revenait, même s'il n'était jamais parti – le fils croyant d'une famille sioniste. C'était quelqu'un d'étonnant qui se tenait à mes côtés, il me plaisait beaucoup, tout en lui me plaisait, je ne pus que le lui dire. Il rit. Peut-être m'aimait-il aussi un peu. Cette sympathie ne changeait rien au fait que des chemins très différents nous avaient conduits en ce lieu et que ces mêmes chemins nous en éloigneraient, nous le savions tous les deux. Le chemin sur lequel il allait, sur une portion duquel il m'avait emmené, était le chemin d'Israël, de ses débuts jusqu'à aujourd'hui. Il me l'avait montré et je lui en étais reconnaissant.

IV

ADIEU JÉRUSALEM

RIEN QUE DES ADIEUX

M a saison à Jérusalem tirait à sa fin. Les derniers jours avant mon départ, je les passai dans l'état d'esprit d'un homme qui parcourt une dernière fois la maison que bientôt il ne reverra plus. J'avais l'impression que les êtres humains et les choses que j'avais pu approcher, à certains moments, s'éloignaient de moi, de nouveau, se refermaient, comme s'ils se disaient, celui-là, il s'en va – ce n'est pas un des nôtres.

Une fois encore la porte de Jaffa, à la lumière du soir, une fois encore toucher la pierre qui avait la fragilité d'un corps vivant, qui pouvait étinceler comme une peau aimée. Encore une fois les rues en escalier du quartier juif. Était-ce une illusion ou des bribes de notes flottaient-elles au piano, était-ce le voyageur des mondes dans son bric-à-brac ou la radio par une fenêtre ouverte ? Une fois encore la taverne arabe où les hommes fumaient le narguilé, la lueur des petits tas de charbon dans la pénombre des cafés. Une fois encore la vue, depuis le toit austro-hongrois, sur la coupole dorée, sur la coupole grise, une fois encore s'asseoir sur le parvis de l'église du Saint-Sépulcre, au soleil, et regarder le monde entier se presser vers le prodige du tombeau vide. Une fois encore Abu Salomon à sa table, dans le tumulte du Muristan.

À mon grand étonnement je le trouvai aussi dans une humeur d'adieu. Il ne parcourait pas comme moi une dernière fois la ville, à quoi bon, il y vivait depuis bientôt cent ans et il y resterait jusqu'à son dernier souffle – c'était un adieu intérieur, le vieil homme parcourait une dernière fois les possibilités. Il considérait la maigre file des amis de sa Jérusalem, déjà plus un souvenir qu'une réalité. « Les Américains ? Fatigués de nous. Les Européens ont toujours été faibles. Le roi, à Amman ? Content qu'il lui reste au moins ce trône, son petit pays sablonneux, après que ses ancêtres furent chassés de La Mecque, de Damas, de Bagdad. Le président, à Ramallah ? C'est le plus faible de tous. Personne ne fera quoi que ce soit pour nous, personne. Nous sommes seuls. »

Abu Salomon s'arrêta, effrayé de ses sombres pensées. Comme lorsqu'on chasse des mouches importunes, il les chassait de sa main. Il se pencha en avant et me regarda d'un air radieux. « Mais nous sommes vivants ! *Hamdulillah*, nous sommes vivants ! Quand rentres-tu chez toi ?

– Très bientôt.

– Tu as une femme ?

– Oui.

– Des enfants ?

– Oui.

– Bien, mon ami, c'est bien. Tu es béni, va en paix. »

Abu Salomon avait élevé cinq enfants, deux d'entre eux vivaient au Canada, un à Amman, deux à Jérusalem. Un jour, je lui avais demandé quelle était la meilleure période de sa vie et il avait répondu sans hésiter : « L'époque jordanienne. » Ce qui m'avait beaucoup étonné – une nostalgie hiérosolymite que je n'avais jamais rencontrée. Le docteur John pleurait l'époque du mandat britannique. D'autres rêvaient de l'Orient. D'autres encore se perdaient dans les souvenirs de la bohème hiérosolymite tandis que certains découvraient à leur grand étonnement que la domination ottomane, si détestée en son temps, avait eu de bons côtés. Abu Salomon, quant à lui, pleurait l'époque modeste mais paisible des rois hachémites.

J'en connaissais beaucoup qui possédaient encore un passeport jordanien et qui refusaient de s'en faire faire un israélien. Quand je leur demandais la raison – se trouvaient-ils dans l'impossibilité de se voir accorder un passeport israélien ? –, ils secouaient la tête – non, ce n'était pas ça, c'était une question d'attitude. Ça ne se faisait pas, on ne capitulait pas. Mais j'entendis aussi le point de vue opposé. Des critiques sévères de la domination israélienne m'expliquaient en privé que si la situation se durcissait, ils préféraient quand même cela à une domination arabe. De toute façon on était des citoyens de seconde zone, mais les méthodes arabes étaient plus brutales. Si on n'en parlait pas beaucoup, on voyait bien ce qui se passait autour, à Alep, au Caire, à Bagdad.

Un jour, je voulus parcourir mon quartier comme je l'avais si souvent fait, mais ce n'était déjà plus le mien. C'était devenu le quartier où j'avais vécu un jour. Tout était comme avant et tout le resterait sans moi, ce qui ne facilitait pas l'adieu.

Monsieur Michel était assis devant sa boutique, comme d'habitude. En me voyant arriver, il sourit et s'adressa à moi à sa façon levantine veloutée que je connaissais si bien, mais ses paroles étaient sombres. « Il y aura la guerre. Nous n'avons pas eu de guerre de religion durant quelques centaines d'années, depuis les croisés, mais il y en aura d'autres, souvenez-vous de mes paroles, monsieur. »

Je lui fis mes adieux et, tournant dans St Francis Street, la rue de mon couvent, je trouvai des centaines de couronnes déposées devant « Terra Santa ». À l'intérieur de l'église, la messe des morts venait de se terminer, la masse des endeuillés qui sortait m'étonna, ils devaient être des milliers. Y avait-il encore autant de catholiques à Jérusalem ? Je fis demi-tour, ne voulant pas rester seul chez moi, et je me fis couper les cheveux une dernière fois par Hamdi. Ce faisant, il me raconta qu'on avait porté à sa dernière demeure un jeune homme bien-aimé du quartier, père de famille, un accident de voiture regrettable à Jéricho.

Hamdi ne put s'empêcher de chercher les petits cheveux à épiler, sans cette procédure esthétique orientale, sa coupe de cheveux eût été incomplète. Je me résignai, il coupa un fil, le tortilla et, le tenant des deux mains comme une arme, accomplit des mouvements de danse guerrière, s'approchant, s'éloignant de moi. Il joua du fil sur mes sourcils et à d'autres endroits encore, pour ôter le moindre petit cheveu qui n'avait pas à être là. C'était douloureux mais cela faisait partie du jeu de n'en rien montrer.

Lorsque ce fut fini, il loua mon courage et je quittai son salon, la peau lisse comme un jeune homme avant son premier duvet, je fis quelques pas jusqu'à la « Terra Santa » pour prendre congé de frère Paul et lui rendre les quelques livres qu'il m'avait prêtés. Lui aussi me parla du jeune homme que tant de gens pleuraient, sa mort prématurée était le sujet de conversation du jour dans le quartier. « Il venait d'une famille respectée, dit Paul, c'est pourquoi ils étaient si nombreux, plus de trois mille, à son enterrement. Dans ces moments-là, tout le monde se retrouve, que ce soit pour un grand mariage ou un grand enterrement. »

Effendi aimerait me montrer encore quelque chose

Comment aurais-je pu partir sans voir Charly Effendi une dernière fois ? J'avais un cadeau pour lui et je pressentais qu'il en avait un pour moi. Nous avions rendez-vous à l'endroit habituel, la porte de Jaffa. La soirée était chaude, des garçons proposaient du jus de grenade et du café arabe. Lorsque vint le crépuscule, mon ami arménien arriva. Il me fit un sourire semblable à celui de la première fois, secouant doucement la tête. « Et… tu as compris Jérusalem ? » Une réponse réfléchie n'aurait eu aucun sens. Après avoir échangé quelques plaisanteries, il reprit soudain son sérieux.

« Viens, dit-il en me prenant le bras.

– Où allons-nous ?

– Viens, j'ai quelque chose pour toi, quelque chose de très particulier, je vais te le montrer ce soir, pour que tu comprennes. »

Nous avons longé la grande rue en direction du sud, celle où passait la frontière jordanienne jusqu'en 1967. Puis nous avons franchi la ligne, nous avons traversé un parc pour atteindre une zone où se trouvaient de vieilles maisons splendides. L'obscurité était tombée, entre-temps. Il avançait dans les rues du quartier résidentiel, allant de maison en maison, s'immobilisant devant nombre d'entre elles, prononçant un nom. Des noms arméniens, grecs, arabes, j'en connaissais certains mais assez peu.

« C'était nous, dit-il, c'était le quartier chrétien des villas de Jérusalem, nous habitions dans ces maisons. L'une de ces villas appartient à ma famille – celle-là. Nous étions nombreux, maintenant nous ne sommes plus que quelques-uns et ces quelques-uns sont vieux. Lorsque j'ai fini mes études, nous étions soixante-dix de la même tranche d'âge, il n'en reste plus que cinq. Alors, pourquoi suis-je encore là ? À cause de la religion ? Non, la religion est partout. À cause de la nation ? Non, je ne suis pas palestinien, je suis arménien. Je suis citoyen du monde, je n'ai pas besoin de rester pour ça. » Puis il prononça mot pour mot la phrase que la femme de l'hospice Saint-Jean m'avait dite : « Je suis là parce que c'est Jérusalem. »

Il ne venait jamais d'habitude, ça le bouleversait trop. Aller dans ce monde perdu comme s'il lui était étranger faisait rejaillir tout ce qu'il dissimulait, autrement, derrière son savoir et son ironie. « Les Arabes, dit-il soudain, les Arabes ont le temps. Ils sont plusieurs millions, c'est pour cela qu'ils sont calmes. C'est le désert, ils viennent du désert. Ils ont la patience du désert, ils savent qu'ils sont nombreux. Nous n'avons pas le temps, nous sommes les derniers. Nous ne jouons plus aucun rôle, aucun qui corresponde à notre histoire. Tout ce que nous avons, c'est un certain orgueil du Saint-Sépulcre. J'ai lu toute ma vie, et écrit, et cherché, je voulais au moins témoigner de nous, ne pas nous voir disparaître sans laisser de trace.

– Tu veux dire qu'on retrouvera des tablettes d'argile, plus tard ? »

Il eut un rire amer.

« Des tablettes d'argile ! » Il me prit de nouveau le bras. « Des tablettes d'argile, sais-tu ce que tu dis ? »

Il me tira vers l'avant.

« Où va-t-on, mon ami ?

– Viens, viens, il faut que je te montre encore quelque chose, le meilleur de tout, mieux que toutes les villas perdues – un miracle. »

Après une marche forcée en direction de la porte de Jaffa et, le long des murs de la ville, jusqu'à la porte Neuve, et plus loin encore jusqu'à la porte de Damas, il tourna à gauche vers le marché de Musrara, passa en hâte devant les lumières des dernières boutiques ouvertes, devant la taverne arabe, fermée depuis longtemps, jusqu'à l'extrémité du marché. C'était là, dans une nuit profonde. Il s'escrima sur la lourde chaîne qui clôturait la porte métallique donnant accès à un terrain abandonné que je voyais à peine, tant cette entrée sur je ne sais quoi était sombre. Il souleva le cadenas qui maintenait la chaîne, parvint enfin à l'ouvrir, repoussa le portail et me fit signe de le suivre.

Nous nous trouvions dans un noir d'encre, en un lieu qui sentait le vieux garage. Il tâtonna sur les murs. « Il faut de la lumière, il doit y avoir un interrupteur quelque part. » Il tâtonna de nouveau, je l'éclairai avec la lumière de mon téléphone portable. « Ah, je l'ai ! » Un léger claquement, une lumière de néon jaillit. Nous étions dans un hall entièrement vide qui ressemblait à une salle, et là, je vis, nous nous tenions sur une gigantesque mosaïque de l'Antiquité tardive recouvrant tout le sol – nous nous trouvions au paradis, car c'était cela que l'image montrait. Un paradis avec des vignes, des colombes, un oiseau chanteur en cage, avec des faisans, des aigles, des animaux et des plantes de toutes sortes. Nous nous trouvions dans l'Antiquité. « Mille six cents, l'entendis-je dire près de moi, puis : Arménien. » Une mosaïque arménienne vieille de mille six cents ans, intégralement conservée. « Nous l'avons découverte il y a quelque temps. C'est comme un tapis, tu vois ? Un tapis de pierre. Elle recouvre la tombe de nos premiers martyrs, ils ont été massacrés ici il y a plus de mille six cents ans. Nous sommes à Jérusalem depuis tout ce temps, tu comprends maintenant ? Je te le montre pour que tu t'en souviennes, quand tu seras à Berlin, quand tu boiras ton café et que tu écriras. Je te donne cette image pour que tu voies qu'il n'y avait pas là qu'un seul peuple, pas qu'une seule foi. »

Il éteignit la lumière et, tandis que nous remontions le chemin dans l'obscurité, à tâtons, il poursuivit, sa voix semblait venir de très loin : « Nous étions proches de vous. Vos rois et vos chevaliers, quand ils prirent la croix pour aller en Terre promise, furent étonnés d'entendre dire en plein Orient une messe en latin. Vos rois de Jérusalem ont épousé nos princesses, et nos rois vous les ont volontiers données. Vous étiez contents de trouver des femmes chrétiennes en Orient et nous étions contents d'avoir des voisins chrétiens. Nous espérions votre protection. »

Nous sommes restés un moment encore. Il n'y avait rien de plus à dire. Puis nous nous sommes serré la main et chacun a repris sa route.

UNE ODEUR D'ENCENS SUR LES VÊTEMENTS

J e voulais me lever tôt, pour mon dernier matin, mais Nikos fut plus matinal encore. Son appel me cueillit au lit. Il était un peu plus de six heures, il était entièrement réveillé et plein de projets qui ne souffraient aucun retard.

« Tu connais Agios Feodoros ? Un autre couvent, pas loin du tien, à deux pâtés de maisons, à quelques pas – viens, je t'attends là-bas, viens vite !

– Nikos, j'ai mes bagages à faire, il faut que je prenne une douche, je ne suis même pas habillé.

– Tant pis. C'est important ! Viens un peu, au moins, cinq minutes, juste un peu, tu ne vas pas me dire que tu n'as pas cinq minutes à me consacrer. »

Inutile de discuter à six heures du matin avec un Grec euphorique et déterminé. J'enfilai pantalon et chemise et je me mis en route. Il m'attendait dans la rue et m'emmena au couvent Saint-Féodor, dans la cour, puis à la chapelle. D'où émanait un chant. Il ouvrit la porte, le chant jaillit comme l'eau, il me poussa à l'intérieur. La petite église était pleine de fidèles qui chantaient des prières et saturée d'encens, le prêtre était loin de l'économiser, de nouvelles nappes ne cessaient de s'échapper de son encensoir.

Nikos prit deux minces bougies de cire couleur miel, chacun en tenait une semblable à la main, il les alluma et m'en donna une. Je voulais rester près de la porte pour ne pas perturber l'office, mais avec Nikos, c'était impossible. Il me poussa au milieu des fidèles debout, tout à l'avant, là où le prêtre conduisait la célébration. Cela m'était désagréable, mais à lui, non. Il saluait de la tête chaque personne devant qui il me faisait passer, aimable et empressé, comme s'il avait une chose importante à faire et peu de temps, malheureusement, ce qui n'était pas faux. Je ne comprenais toujours pas ce qu'il fabriquait ni pourquoi je devais me retrouver au milieu de Grecs en prière dans une odeur d'encens à six heures du matin. Nikos s'était immobilisé, il chantait maintenant quelques paroles avec eux, il me désigna une icône d'un mouvement de tête, l'image du saint de ce couvent.

« C'est saint Féodor, dit-il en me poussant hors de la chapelle, quelques minutes plus tard. Aujourd'hui c'est le jour de sa fête, c'est pourquoi l'église est pleine. Je voulais que tu viennes, que tu y assistes pendant cinq minutes au moins, c'est pour ça que je suis sorti si tôt – pour que tu voies ça. Pour ton fils, qui s'appelle comme ça. »

Je ne pus m'empêcher de penser à son fils, qui n'avait pas vécu, sachant qu'il pensait à lui. « Il était beau. » C'est ce que lui avait dit l'infirmière qui avait vu, elle, l'enfant mort-né. Je l'attirai à moi et l'embrassai. Ainsi était-il. Ainsi était Jérusalem.

Plus tard, alors que j'étais assis dans l'avion, mon voisin me renifla. Il le fit très discrètement et je faisais semblant de dormir, mais je l'avais remarqué. Je sentais l'encens. Dans mon faux sommeil, je souris.

Remerciements

Tous ceux qui apparaissent dans ce livre, et ceux qui n'y apparaissent pas, je les remercie pour les portes et pour les cœurs qu'ils m'ont ouverts. Mais je remercie surtout Jérusalem. Il peut sembler étrange de s'adresser à une ville comme à une personne, mais après un temps de mise à l'épreuve et d'hésitation, j'ai acquis la certitude que Jérusalem avait décidé de se montrer à moi. Suis-je jamais rentré d'un voyage aussi riche et aussi comblé ?

TABLE DES MATIÈRES

II
La maison au laurier-rose

III
Guerres silencieuses

Table des matières

IV
Adieu Jérusalem

conception
réalisation
mise en page pca
44405 Rezé cedex

Certifié PEFC

Ce produit est issu
de forêts gérées
durablement et de
sources
contrôlées.

PEFC™

10-31-3068   pefc-france.org

Dépôt légal : avril 2016

N° éditeur : 2016/0443

Achevé d'imprimer en avril 2016 en Espagne par Blackprint CPI